大象学术译丛

大象学术译丛

主　编

陈　恒

全球时代的史学写作

Writing History in the Global Era

[美] 林恩·亨特（Lynn Hunt） 著

赵辉兵 译

中原出版传媒集团
大地传媒

大象出版社
·郑州·

图书在版编目(CIP)数据

全球时代的史学写作 / (美)林恩·亨特著；赵辉兵译.— 郑州：大象出版社，2017.4
(大象学术译丛)
ISBN 978-7-5347-8483-5

Ⅰ.①全… Ⅱ.①林… ②赵… Ⅲ.①史学—论文—写作 Ⅳ.①H152.3②K0

中国版本图书馆 CIP 数据核字(2016)第 310911 号

全球时代的史学写作
[美]林恩·亨特(Lynn Hunt) 著
赵辉兵 译

出 版 人 王刘纯
责任编辑 刘东蓬
责任校对 牛志远
书籍设计 付锬锬

出版发行 大象出版社(郑州市开元路 16 号 邮政编码 450044)
发行科 0371-63863551 总编室 0371-65597936
网 址 www.daxiang.cn
印 刷 洛阳和众印刷有限公司
经 销 各地新华书店经销
开 本 787mm×1092mm 1/16
印 张 9.75
字 数 142 千字
版 次 2017 年 4 月第 1 版 2017 年 4 月第 1 次印刷
定 价 32.00 元
若发现印、装质量问题,影响阅读,请与承印厂联系调换。
印厂地址 洛阳市高新区丰华路三号
邮政编码 471003 电话 0379-64606268

大象学术译丛弁言

20 世纪 80 年代以后,西方学术界对学术史、科学史、考古史、宗教史、性别史、哲学史、艺术史、人类学、语言学、民俗学等学科的研究特别繁荣;研究的方法、手段、内容也发生了极大的变化,这一切对我们相关学科都有着重大的借鉴意义。但囿于种种原因,国内人文社会科学各科的发展并不平衡,也缺少全面且系统的学术出版,不同学科的读者出于深化各自专业研究的需要,对各类人文社会科学知识的渴求也越来越迫切,需求量也越来越大。近年,我们与国外学术界的交往日渐增强,能够翻译各类专业书籍的译者队伍也日益扩大。为此,我们组织翻译出版一套“大象学术译丛”,进一步繁荣我们的学术事业:一来可以为人文社会科学研究者提供具体的研究途径;二来为各门人文社会科学的未来发展打下坚实的基础;三来也满足不同学科读者的实际阅读需要。

“大象学术译丛”以整理西学经典著作为主,但并不忽略西方学术界的最新研究成果,目的是为中国学术界奉献一套国内一流人文社会科学译丛。我们既定的编辑出版方针是“定评的著作,合适的译者”,以期得到时间的检验。在此,我们恳请各位专家学者,为中国学术研究长远发展和学术进步计,能抽出宝贵的时间鼎力襄助;同时,我们也希望本译丛的刊行,能为推动我国学术研究和学术薪火的绵延传承略尽微薄之力。

致　谢

与众书相比,本书的写作之旅平添了一份机缘巧合。几年前,我在加利福 *ix*
尼亚大学欧文分校(University of California, Irvine)举办的一次研究生会议上,探讨了文化理论的未来。恰巧,德国著名的文化理论家汉斯·梅迪克(Hans Medick)和多丽丝·巴赫曼(Doris Bachmann)也听了我的演讲。之后,汉斯邀请我参加他在柏林主持的研讨会,并将此次讨论的详细情况刊发在与他素有往来的《历史人类学》(*Historische Anthropologie*)杂志上。再后来,我就这一主题先后在意大利的比萨大学(University of Pisa)和帕多瓦大学(University of Padua)进行了演讲,东道主阿尔贝托·马里奥·班蒂(Alberto Mario Banti)、温齐娅·菲奥里诺(Vinzia Fiorino)和卡洛塔·索尔巴(Carlotta Sorba)说服我将自己的想法以更长的篇幅写出来,以便加入他们的文化史丛书当中,由 Edizioni ETS 出版社负责发行。那一版本——《全球时代的文化史》(*La storia culturale nell' età globale*)——的译者是乔瓦尼·坎波洛(Giovanni Campolo),出版于 2010 年。在此,我对这么多朋友与同事不断督促我思考这些问题表示诚挚的谢意;当然,我也十分感谢乔瓦尼为此书的翻译所付出的辛勤劳作。

即便如此,我并没有完全沾沾自喜于对文化史前景的演绎。我的很多朋 *x*
友都应我之请,在百忙中通读了本书的英文版本,以便指出本书所需改进之处。苏珊·德桑(Suzanne Desan)、萨拉·马萨(Sarah Maza)、马西·诺顿(Marcy Norton)、雅克·雷韦尔(Jacques Revel)、索菲娅·罗森菲尔德(Sophia Rosenfeld)与瓦妮莎·施瓦茨(Vanessa Schwartz)都通读了本书,并提出了许多无比珍贵的建议。尽管我对他们建议的回应并不一定能令其满意,但我希望他们知晓我十分感激他们能够拨冗帮忙。一路走来,我最终定下来的研究对象不是文化史,而是更为恢宏的领域,即文化理论与全球化。在本书的原稿中,我疏漏了很多人名,玛格丽特·雅各布(Margaret Jacob)帮我校正了这个问题。当然,在这方面没有谁比诺顿出版社(W.W.Norton)的编辑埃米·彻丽(Amy Cherry)所付出的精力更多。她将行文中闪烁其词、矫揉造作或是有点模棱两可的部分统统剔除。尽管看到自己书稿里俯拾皆是的批注并不是一件令人高兴的事,但我深知就这本书的可读性而言,她可谓功莫大焉。当然,如若本书依然存在着任何不足之处,责任不在她与任何其他人。

谨以此书献给玛格丽特·雅各布,她分享并塑造了我最近25年的生活。

目　录

导言　史学的变奏*

本书篇幅不大，却立意恢宏，即全球时代的史学写作。我之所以写这本 001
书，是因为我相信两大方面的新进展正在重塑史学的版图。一方面，自 20 世纪 50 年代以来，极大地推动了史学写作的社会文化理论业已大不如前。这导致了未来的史学写作方法的不确定性。另一方面，全球化的讨论如野葛般蔓延开来，它缠绕于任何决定未来方向或过去意义的尝试之中。全球化会是复兴史学的新理论吗？抑或将扼制其他所有可能的竞争者，只留下一种必然性——在西方模式上的全球现代化？

尽管名人传记与大战题材的书籍持续流行，但史学依然处于危机之中，而这绝不仅仅是大学预算的危机而已。一个老生常谈的问题："历史何益？"其答案一度似乎是明了的，但现在发现它依然很难回答。在 19 世纪，所有的男 002
学生（只有男性才能上大学）都要学习古希腊和古罗马的历史，因为这些历史能够给他们未来成为栋梁之才提供指导。哈佛大学 1852—1853 学年大事表（the Harvard University catalogue of 1852/53）罗列了大学一年级学生的录取条件：须通晓代数学与几何学、所有维吉尔（Virgil）的作品与恺撒纪事（Caesar's commentaries）、精选的西塞罗（Cicero）演说与拉丁语语法、精选的希腊文读物以及约瑟夫·E.伍斯特（Joseph E.Worcester）的《史学原理》（*Elements of History*）与《地理学原理》（*Elements of Geography*）中涉及古代史学与古代地理学的部分，同时要具备书写拉丁文与希腊文的能力。一旦被录取，学生们要学习化学、物理学和植物学，同时还要分别学一学期的中世纪史和现代史，而作为核

*　为方便读者阅读，已将原文的尾注改为页下注。为区别原注，译者注用"*"表示。

心课程的希腊文学与拉丁文学的经典作品要一直学到大学四年级。[1]

到19世纪末20世纪初,史学开始担负新的使命,即教导国民。史学强化并在许多情况下创造了国民身份认同(national identity)。学生,特别是中小学生要知晓他们皆属于一个国家,因为他们拥有共同的过去,即便他们或他们的父母都是移民。1911年出版的一份美国历史学会(American Historical Association)关于学校教学的报告中,作者们强调:即便学校只教(!)三年历史课,而反对教四年,也不能以牺牲美国史为代价。"道理很简单:学校的课程设置要给予这些科目[美国史与美国政治]足够的学时,如果一定要删减学时的话,也要拿那些对培养孩子公民责任感不是最佳以及不会立竿见影的科目
003 来开刀。"[2]随着大学历史教师人数的不断增加,民族国家史(美利坚合众国史,法兰西史等)日益居于主导地位,希腊史和罗马史则逐渐淡出。

各民族国家史*从大众政治与大众文化的兴起中获得了其紧迫性与使命感。不过,所有人都应该接受一些基础教育的观念在美国和西欧生根发芽,那是临近19世纪末才出现的事。1900年,年龄在5~19岁的美国孩子中有一半接受学校教育;到1940年,这一比例飙升至70%;1970年则达到90%。[3] 虽然希腊和罗马的雄辩术可能适用于培养政治精英,但是对那些矿工和穷困潦倒的移民来说,刚入学就学这些东西有什么用呢?因此,要想把普通百姓纳入民族国家中就需要别出心裁。而民族国家兴起的故事,则能够通过共同的主线将迥然不同的人群凝聚在一起,而不论其族裔、阶级或地区的差别。

史学作为一门学科,在同19—20世纪民族主义的共生关系中,逐渐发展

---

〔1〕 *A Catalogue of the Officers and Students of Harvard College for the Academical Year 1852-53. Second Term*, 2nd ed.(Cambridge, MA: John Bartlett, 1853), p.41.(这份大事表中仅提到了伍斯特的《史学原理》和《地理学原理》,并没有给出完整的参考书目。)

〔2〕 *The Study of History in Secondary Schools: Report to the American Historical Association*(New York: Macmillan, 1911), pp.50-51.

* 原文为"national history",因"national"具有民族、国家的双重含义,译者将其翻译为"民族国家";下文中出现的"national narrative"统一译为"民族国家叙事";不过,将文中的"national identity"则译为"国民身份认同"。——译者注

〔3〕 "National Assessment of Adult Literacy," Institute of Education Sciences, National Center for Education Statistics, U.S. Department of Education, at http://nces.ed.gov/naal/lit_history.asp (accessed November 4, 2013).

起来。它为许多新国家提供了一份以往一直被限制或忽视的遗产。即便是在最悠久的民族国家里,诸如英国与法国,它也起到了加强身份认同的作用。在初等教育中,历史教学强调本民族国家历史的情形则尤为明显。随着大学教育与代议制政府(representative government)的兴起,中小学历史的主要目的始终都是教导学生,让他们感到自己与其他本国公民都是一家人。以最近美国发生的一件事为例,2009 年 3 月 19 日,参议员拉马尔·亚历山大(Lamar Al- 004
exander)向美国参议院提交了 659 号议案(Bill 659),“用以加强美国史学与公民学的课程教学”。该议案计划在 2010 财政年度给中小学拨款 1.5 亿美元,用以加强“讲授传统美国史的相关课程”。该议案规定的目标就是要解决那些被认为不利于学生们将来成长为美国公民的问题,即对美国历史缺乏必要的了解,因为“美国民主的坚挺与我们在世界上的地位取决于能否确保我们的孩子对我们国家的过去有着深刻的理解”。[1]

史学被用于维护民族国家统一,这种情形在新近取得独立的国家中尤为明显。1991 年乌克兰独立后不久,其教育部就起草了一份乌克兰教育改革蓝图,呼吁进行“民族国家教育,其基石就是教育要与民族国家的领土、民族国家历史与传统有机统一、乌克兰民族文化的保存与繁荣密不可分”。自 2001 年起,基辅的塔拉斯·谢甫琴科国立大学(Taras Shevchenko National University in Kiev)的历史教师开设的所有课程几乎都集中在乌克兰的国家发展上,例如开设的课程有:“世界各地的乌克兰人:历史、文化、生活”“乌克兰原始社会与古代社会发展史”“乌克兰多党制形成的若干问题(20 世纪 80—90 年代)”。[2]

民族国家史依然是世界各国历史教学的重头戏。在美国,39%的高校历

---

[1] 关于该美国参议院议案,参看 http://www.gpo.gov/fdsys/pkg/BILLS-111s659is/html/BILLS-111s659is.htm (accessed November 4,2013)。

[2] 乌克兰的改革蓝图转引自 Catherine Wanner, *Burden of Dreams: History and Identity in Post-Soviet Ukraine* (University Park, PA: Penn State University Press, 1998), p.82。基辅的塔拉斯·谢甫琴科国立大学所开设的各门课程名称源自 http://www.history.univ.kiev.ua/en/faculty/history-faculty.html (accessed November 4,2013)。

005 史教师教美国史。位居第二的是欧洲史,有超过 25%的历史教师讲授。法国、英国、德国教本民族国家史教师的比例则更高,就德国来说,已接近 50%。正如乌克兰所显示的,痴迷本国历史的情形不止出现在西欧和美国。在德里大学(University of Delhi),历史教师中的 13 位教授都主攻印度史。北京大学(Peking University)历史教师从事本国史研究的比例要比印度的德里大学低一些,但主攻中国史的比例也超过了半数。在澳大利亚国立大学(Australian National University)历史学院里,有 2/3 的历史教师致力于澳大利亚史。[1]

尽管民族国家史直到现在仍然保持着优势地位,但情形已经有所改变,而且往往是以一种戏剧性、颇具争议的方式发生着变化。早在 20 世纪 50 年代,民族国家叙事在西欧和美国就受到批判,这种情形在美国体现得尤为明显。政治史,特别是对政府高层或政治精英行为的研究,已经不能满足日益增加的形形色色的、受过教育的公众之需求。社会史——对精英圈子之外群体的研究——崭露头角,因为它吸引了那些上大学* 的不同人群的兴趣。1967 年,年龄段为 18~24 岁的 1/3 的美国男性和 1/5 的美国女性是大学生。1988 年,该年龄段女大学生的百分比(30.4%,年龄段为 18~24 岁)超过了男性(30.2%),此后这种差距越来越大。在 1967 年,年龄段为 18~24 岁的非洲裔美国人(African Americans)仅有 13%是大学生(相比之下,白人为 27%);到了 20 世纪 70

[1] 2001—2002 年期间美国历史教师的人数,参看 Robert B. Townsend, "State of the History Department: The AHA Annual Department Survey 2001-02," *Perspectives on History*, April 2004, available at http://www.historians. org/publications-and-directories/perspectives-on-history/state-of-the-history-department-the-aha-annual-department-survey-2001-02 (accessed November 4, 2013)。教欧洲史的人数已经平稳下降,教非西方历史的人数开始上升,而教美国史的人数则不变,根据 Robert Townsend, "Decline of the West or Rise of the Rest? Data from 2010 Shows Rebalancing of Field Coverage in Departments," *Perspectives on History*, September 2011, available at http://www.historians.org/publications-and-directories/perspectives-on-history/september-2011/decline-of-the-west-or-the-rise-of-the-rest (accessed November 4, 2013)。在统计中,我把博士后和研究员排除在外。教欧洲史的人数可参看 Peter Baldwin, "Smug Britannia: The Dominance of (the) English in Current History Writing and Its Pathologies," *Contemporary European History* 20, Special Issue 3 (2011): 351-366。关于德里大学的情况可参看 http://www.du.ac.in/index.php? id=437&L=0 (consulted August 3, 2012)。北京大学网站的数据不如德里大学网站的详尽。它没有提供此类划分,而且至少有一例是将一位刚刚去世的、享年 90 岁的历史学家列入名单中。参看 http://web5.pku.edu.cn/en/history/Faculty/ (consulted August 3, 2012)。关于澳大利亚国立大学,参看 http://history.cass.anu.edu.au/people (consulted August 25, 2012)。

* 这里的大学也包括学院,而且以下提到的大学也涵盖学院。——译者注

年代，二者间的差距缩小了；到了20世纪80年代晚期和90年代，因为白人上 006
大学人数的猛涨，二者间的差距短暂地拉大了；到了21世纪的头10年，这种差距又缩小了。到了2010年，数据如下：年龄段为18~24岁的男性上大学的百分比为38%，女性为44%，白人为38%，非洲裔美国人为32%。[1] 民族国家史的民主化进程与大学的民主化进程是联袂而行的。工人、奴隶、原住民(native)、妇女、少数族群的经历再也不能被漠然置之了。

新社会史之所以会在美国引起共鸣，是因为它对奴隶与移民历史的关注以及大学的迅猛扩张。不过，新社会史发轫于西欧并波及全球，部分原因则在于西欧史学影响了全球的史学写作。阿尔贝·索布尔(Albert Soboul)的《共和二年巴黎的无套裤汉》(*The Parisian Sans-Culottes in the Year II*，1958)和E.P.汤普森(E.P.Thompson)的《英国工人阶级的形成》(*The Making of the English Working Class**，1963)就是最好的例子。尽管索布尔和汤普森的目的都是通过凸显下层社会激进行为的故事来改变本国的民族国家叙事模式，而结果却是他们的开拓性研究也启发了别国的史学家。那些法国大革命的研究者——或任何此类革命运动的研究者——都不能忽视索布尔对下层社会激进分子(无套裤汉是指那些不穿代表上流社会的及膝短裤的人)重要性的研究成果。若论汤普森的影响的话，甚至比索布尔还要大得多。一位印度史学家在1997年评论道，"汤普森的作品带有典型的英国风格"，但"其著作风靡全球"，在印度尤其盛行。[2]

美国社会史的兴起有力地支持了当代劳工运动、女权运动与大量少数族

〔1〕 Table 213, "Enrollment Rates of 18-to 24-Year-Olds in Degree-Granting Institutions, by Level of Institution and Sex and Race/Ethnicity of Student: 1967 through 2010," Digest of Education Statistics, Institute of Education Sciences, National Center for Education Statistics, U.S. Department of Education, available at http://nces.ed.gov/programs/ digest /d11 /tables /dt11_213 .asp (accessed November 4, 2013).

* 这部名著国内通行的翻译为《英国工人阶级的形成》。对此，姜进认为，将"making"翻译为"形成"是错译，正确的翻译是"造成"，即《英国工人阶级的造成》。因为该书作者"强调的是'制造'这一人为的行动过程，而非自然而然的'形成'过程"。参看[美]林恩·亨特：《新文化史》，姜进译，华东师范大学出版社，2011年，第88页。——译者注

〔2〕 Rajnarayan Chandavarkar, "'The Making of the Working Class': E.P.Thompson and Indian History," *History Workshop Journal* 43 (Spring, 1997): 177–196, quote from p.177.

007 群争取权利运动，进而赋予史学另外一项政治功用：以新近发现的历史上的偏见与歧视为中心，强化被排斥群体的身份认同。不过，这些成功也带来一连串的自身问题。这些新作品的撰写本来是强调更具包容性的民族国家叙事，到头来却催生了未来史学写作的方向之争。是将以往被排斥的群体纳入现有的民族国家叙事之中，抑或是将民族国家叙事本身弃之如敝屣呢？[1]

承认过去发生的诸种排斥行为削弱了关于史学宗旨的共识。史学是用来塑造一个民族国家，还是去解释塑造一个民族国家是何等仰赖于漠视或遗忘那些弃民？史学家的职责是不论预设狭隘或是宏观，都进行一种整合性的民族国家叙事，还是对任何形形色色的此类叙事的诸多缺陷口诛笔伐？史学的本质是叙事还是真理？史学仅仅是另一种形式的神话，还是被用来合理化偏见与不平等的意识形态？先前史学的诸多缺陷现在似乎变成了对史学研究本身的控诉。

为了探究这些问题，许多学者与激进分子开始寻求各种新理论。这些理论本身其实并不是新事物。史学家在 20 世纪上半叶形塑史学这门学科的过程中，从更具理论倾向的社会科学中借鉴了很多内容。例如，索布尔和汤普森的研究成果与马克思主义就有很深的渊源，而且他们的著作不同程度地也为马克思主义理论做了贡献。他们力图探究哪些类型的工人最易于组织起来，变成革命派。其他史学家也从社会学理论中汲取了灵感，无论是从法国社会
008 学家埃米尔·涂尔干（Émile Durkheim）、德国社会理论家马克斯·韦伯（Max Weber），抑或是他们的徒子徒孙那里。与马克思相类似，他们都各自提供了现代化理论的某种版本，即描述了诸多现代性的鲜明特性、这些特性的形成以及由此将西方社会引向何方。不过，他们都反对马克思。

即便现代化理论与马克思主义为史学家的开拓性研究提供了灵感，但他们也开始质疑前者的有效性。索布尔和汤普森的研究成果就是发人深省的例子。他们的著作在 20 世纪 50 年代后期和 60 年代初期问世之时，甚至在马克

[1] 关于这些问题更加详尽的讨论可参看 Joyce Appleby, Lynn Hunt, and Margaret Jacob, *Telling the Truth about History* (New York: W.W.Norton, 1994)。

思主义者的圈子内,也引起纷争不断。他们用各自的方法关注激进主义者的生活方式与志向,而且特别重视文化方面。这就大大有别于传统马克思主义者对阶级或经济生产关系范畴的垂青。简言之,索布尔和汤普森揭露了马克思主义的局限——无视文化——甚至试图修正它。

现代化理论影响下的史学研究也遭遇了类似的命运。现代性理念本身被认为与西方的发展观和发展模式有着千丝万缕的联系。道理很简单,学者们始终认为现代化理论中的现代与众所周知的西欧与美国的发展道路就是一回事。例如,马克斯·韦伯区分了"传统"形式与现代形式,并把后者等同于"合理性(rationality)"。尽管韦伯本人对现代市场与国家中的"合理合法的(rational-legal)"权力体制大加挞伐,但事实上"传统的"或非现代的生活方式本身所具有的消极含义不容小觑。依据韦伯的观点,传统的权力体制没有对职权范围(spheres of competence)、非人性化规则(impersonal rules)、井然有序的 009
上下级关系、任命与提拔的常规机制等方面进行清晰的界定。传统是在与现代的对比中,根据其所缺少的东西来定义的。[1]

集中关注文化为摆脱上述僵局提供了一条出路。而且,伴随着这种新关注,一系列新理论不断涌现。20 世纪 50 年代和 60 年代的各种理论往往强调物质原因与社会学分析;而新的文化理论则关注语言、符号以及仪式,强调意义阐释优于因果分析。例如,解释某些工人造反的原因不再是一个重要问题,首要问题是去调查工人是如何认识到自身的独特性的。新的文化理论被纳入名目繁多、易于混淆的标签之中:语言学转向、后结构主义、后现代主义、后殖民主义、文化研究或纯"理论"。本书第一章旨在解释这些文化理论何以在那个特定时刻出现、它们的共性以及它们如日中天的声势何以引发了各种有关史学宗旨的新问题。宗旨问题尤为重要,因为新的文化理论鼓励人们质疑史学中能够确立真理的可能性,而且有时会得出如下论断:作为一门学科的史学,其欧洲中心主义是与生俱来的,因而对当下仅具局部意义。

[1] Max Weber, *The Theory of Social and Economic Organization*, ed. Talcott Parsons (New York: Free Press, 1964).

我们一旦对这种转向文化理论的史学得失进行考察,就会不难理解近年全球化何以成为如此热门的话题。林林总总的文化理论有助于轰开在史学宗
010 旨上所达成的共识,但它们终归无法提出令人无法抗拒的可行性方案,以便取代早期的诸种社会理论。全球化就是那种令人难以抵抗的可行性方案之一。尽管它依然给西方以特权,但它讲述的是一个全球故事,而且它复归于各种"宏大的问题",诸如西方称霸全球的过程与原因。诸多文化理论强调对地方史与微观史的研究,而全球化的讨论与生俱来就重视对跨国史与宏观史的研究。它给予史学新宗旨:在一个相互联系日益密切的世界中理解我们所处的位置。第二章考察全球化范式的兴起及其对史学研究的重要影响。

不过,全球化并非唯一的可行性替代方案,而且其阐释本身也存在着诸多问题。尽管全球化可能影响到生活中的许多方面,但其影响不仅是不均衡的,而且在某些情况下是极其有限的。例如,全球化或许会把数以百万计的新移民送进美国的小学,但他们如何得到接纳则取决于地方文化、区域经济与全国政治,为了获得一个更加全面的了解,必须对这些情形进行细致的考察。全球化这一参照系并不总是最恰当的。因此,第三章和第四章我又回到一些社会理论与文化理论的经典问题上,并对这些问题予以新解。其中,最基本的问题是"社会"与"自我"* 这对至关重要的范畴。社会与自我的意义往往被认为是不言自明的——如果我指的是美国社会,那么我假定你是知晓我的意思的——但是详加考察,却发现这两个范畴又变得模棱两可了。通过对这种模糊性根源的深入探究,我们就能够更好地把握这些范畴,因为它们仍然是任何
011 社会或文化分析的基础。伴随着对社会与自我的重新关注,就有可能会形成许多新史观。这些新史观在挑战其他社会理论和文化理论的同时,也会汲取最近数十年来出现的社会理论与文化理论中的真知灼见。

根据定义,过去看起来似乎是昔人已乘黄鹤去,徒留白云千载空悠悠;然而实际上过去依然是不断变化的,因为史学家与史学的宗旨变动不居。当我

---

* "self"在翻译的过程中,译者大多时候将其翻译为"自我",有时出于语境的需要,也将其译为"自性"或"本我"。——译者注

们寻觅历史中的新事物之时——古代政治领袖中的翘楚、民族国家兴起的历程、对特定人群受到迫害与排斥的铺陈、全球化的推进——结果我们总会发现许多意想不到的原始资料,得出很多预料不到的结论。这种变化并不意味着史学的脆弱或轻率,抑或是史学家的鄙陋。没有视角,就不能进行观察。史学宗旨的不断演进正是其生生不息的一个标志。每一个新时代都会找寻一种对其当时所处位置的理解,倘若没有历史,那个新时代也就根本不会存在。

第一章 文化理论的兴衰

013 自20世纪70年代以来,文化理论备受青睐,这是因为它们展现了通常历史写作中所具有的令人折服的历史批判精神。二战结束以来,主要有四大史学研究范式:马克思主义、现代化、年鉴学派以及特别流行于美国的身份认同政治。它们都遭到了这样或那样的众多文化理论的攻击。一些人可能会质疑这四大范式是否可以等同于托马斯·库恩(Thomas Kuhn)在其科学革命的本质分析中所表达的“范式”的含义,也正是他将这一术语传播开来。自1962年他极具影响力的著作问世以来,学者们就开始讨论这一术语的准确含义及对其他领域的适用性。该术语之所以能够广为传播,是因为它十分好用,所以,我毫不迟疑地使用了该词,当然,读者理应知晓我对该术语的界定。就“范式”而言,我的定义是指历史发展进程的总体叙述或元叙事。它包括:(1)
014 一个由左右着意义的各要素所构成的等级体系,(2)这一等级体系进而为研究确立了议程,也就是,影响了被认为是值得研究的问题之选择以及适合于这些问题的研究路径之运用。[1]

即便为数不少的学者可能有充分的理由抱怨:设若没有独一无二的马克思主义,也就不存在整体性的现代化道路、统一的年鉴“学派”、致力于身份认同政治的特有的政纲,那么这四大范式也都与我的定义相吻合。马克思主义是最易于体认的范式,因为在一个人写的许多著作中,必定存在着一种万变不

---

〔1〕 Thomas Kuhn, *The Structure of Scientific Revolutions* (Chicago: University of Chicago Press, 1962).例如,参看Joseph F.Musser, “The Perils of Relying on Thomas Kuhn,” *Eighteenth-Century Studies* 18 (Winter, 1984–1985): 215–226。关于范式对转向的讨论,参看Doris Bachmann-Medick, *Cultural Turns: Neuorientierungen in den Kulturwissenschaften* (Reinbek bei Hamburg: Rowohlt Verlage, 2006)。

离其宗的东西。在马克思看来,无休止的阶级斗争最终会促使工人战胜他们的主人——资本家——并通过革命建立一种共产主义社会。经济生产方式的变迁是一切历史的驱动力,并导致阶级冲突。例如,当机器大工厂取代了手工织布者时,就会形成一个联合起来反抗工厂主控制的工人阶级。因此,马克思主义鼓励史学家研究此类特定的生产方式,诸如古代奴隶制度、封建制度以及资本主义制度,也支持研究各种革命、工人运动以及社会主义与共产主义政党历史。该模式无疑也适用于“导言”中所讨论的索布尔与汤普森的著作。

尽管现代化范式主要是受到 19 世纪后期社会理论家涂尔干与韦伯的启发,但切不可等同视之,将它与一人多著这种情形相提并论。涂尔干、韦伯与马克思一起常常被称为社会学理论的拓荒者。涂尔干与韦伯寻求不用马克思主义的分析方法,去阐释现代性的到来。涂尔干不用资本主义生产的分析路径,转而强调日益精细的劳动分工——车间里各种职能的专业化。随着社会 015
日益复杂多元,旧有的共同价值观土崩瓦解了,由此造成一种社会异化感或社会失范(*anomie*)感。新的价值观念如人权应运而生。正如我们所看到的,韦伯则关注发展进程中日益壮大的合理化,例如国家官僚机构合理化的日益加强,但他也看到了此种现代化潜在的负面影响。科层化(bureaucratization)* 将会成为一种“铁笼”或“寒彻幽暗的极夜”,而很难会出现一幅解放的图景。即便如此,二人皆认为现代化依然是大势所趋。[1]

在 20 世纪 50 年代和 60 年代,当涂尔干与韦伯的理念被整合到现代化范式中时,他们对现代性的批判大多被弃之不顾。许多社会学家与政治学家——特别是在美国——都鼎力支持将西方的现代化道路奉为世界其他国家通往现代化之途的样板。依照这种观点,“现代性”这一范畴是放之四海而皆准的。尽管现代化理论因美国在越南的失败而承受了严峻的考验,但它还远远谈不上行将就木。即便是在那些力图回避现代化理论的史学家的历史写作

* 也可译为“官僚化”。——译者注

〔1〕 Émile Durkheim, *The Division of Labor in Society* (New York: Free Press, 1984);关于“寒彻幽暗”见 Max Weber, *From Max Weber: Essays in Sociology*, trans. and ed. H. H. Gerth and C. Wright Mills (Abingdon, UK: Routledge, 1991), p.128。

中,“现代性”依然是一个核心概念。古代、中世纪与现代的历史分期或划分依旧大行其道,而且现代化理论中的基本要素又出现在关于全球化的著作当中。[1]

基于涂尔干与韦伯的远见卓识,现代化范式强调知识与社会功能的不断分化、国家权力的不断扩张以及通过城市化、移民与新技术而实现的交往的日
016 益紧密。与马克思主义强调所有者与工人之间的阶级斗争相比,现代化认为冲突的根源是各种现代化势力与诸多落伍的或抵制融入现代世界的传统势力之间的分化。因此,现代化范式促进了对城市化、移民、技术革新、社会分化以及国家成长的研究。

20世纪30年代和40年代兴起于法国的年鉴学派则与马克思主义和现代化理论都努力探求界定现代工业社会的特性有所不同,它重点研究前工业社会。该学派有三位主要奠基人,他们清一色是史学家:马克·布洛克(Marc Bloch)、吕西安·费夫尔(Lucien Febvre)和费尔南·布罗代尔(Fernand Braudel)。1929年,布洛克和费夫尔是法国东部的斯特拉斯堡大学(Strasbourg University)的史学教授。因为他们创办了刊物《经济与社会史年鉴》(*Annales d'histoire économique et sociale*),该学派由此得名。该刊物在巴黎出版发行不久,费夫尔和布洛克也搬到巴黎来生活。1946年,该刊物更名为《年鉴:经济、社会与文明》(*Annales: économies, sociétés, civilisations*),从1994年起,改名为《年鉴:历史与社会科学》(*Annales: histoire, sciences sociales*)。费夫尔和布洛克钟情于涂尔干的社会学,力图对史学进行重新定向,远离对条约、战役以及政体更替的传统研究,转向对社会、社会集团以及集体心态的研究。正如该刊物的数个刊名所示,年鉴学派强调的是社会史与经济史,史学与社会科学的关系。[2]

在20世纪30年代晚期,费夫尔成为布罗代尔的导师,布罗代尔在二战期

---

〔1〕 现代化理论,就其仅作为一种理论而言,也是一个十分宏大的主题,在此,我只能勉力而为。参看 Nils Gilman, *Mandarins of the Future: Modernization Theory in Cold War America* (Baltimore, MD: Johns Hopkins University Press, 2007)。

〔2〕 R.Colbert Rhodes, "Emile Durkheim and the Historical Thought of Marc Bloch," *Theory and Society* 5, no.1 (1978): 45-73.

间德国的战俘营中写出了其处女作。布洛克因其在法国抵抗运动中所发挥的作用，于 1944 年受到盖世太保的拷打并被杀害；费夫尔则逝世于 1956 年。此后，布罗代尔担任主编，并从美国的数家基金会那里筹集到资金，成立了人文 017
科学之家(Maison des Sciences de l' Homme)。由此，人文科学之家成为《年鉴》(*Annales*)刊物与社会科学高等研究院(École des Hautes Études en Sciences Sociales)的家园。社会科学高等研究院是法国社会科学研究的领头羊。布罗代尔有力地将《年鉴》刊物打造为 1945 年以来最具影响力、独领风骚的史学刊物。[1]

年鉴学派的史学家笃信环境、气候以及人口塑造了人类活动的基本方式。因为与塑造人类活动的基本方式相关的是这些在极其漫长周期中缓慢变迁的因素，而不是革命抑或任何其他类型的短期的政治变更。正如布罗代尔在其第一本书的"序言"中所说的，林林总总的事件不过是"表面的骚动、强大的历史之潮汐驮负起的浪花"。[2] 真正重要的是那些潮汐。因此，年鉴学派着眼于从中世纪到法国大革命数个世纪的历史，强调缓慢节奏的变迁，并倾力发展新方法，主要运用到对人口的研究当中。同受马克思主义影响的史学家重视研究工人与运用现代化理论的史学家着眼于移民或技术人员相比，年鉴学派则凸显了那些过着自给自足生活、仅能糊口度日的农民。[3]

第四大史学范式，即身份认同政治，于 20 世纪 60 年代和 70 年代首次在美国生根发芽。与其他范式都不一样，其主要信条受哪些人的启迪无从查证。它应社会运动而生，例如黑人与妇女争取公民权运动以及同性恋解放运动。 018
社会史在马克思主义者与年鉴学派史学家的鼎力支持下，为受排斥与被边缘化群体的历史提供了沃土。因为各国都面临着日益紧迫的国民身份认同问题与妇女、少数族群以及移民的社会政治地位问题，所以身份认同史正向全球不

[1] 有关年鉴学派的讨论不胜枚举，例如，可参看 Stuart Clark, *The Annales School: Histories and Overviews* (London: Taylor & Francis, 1999)。

[2] Fernand Braudel, *The Mediterranean and the Mediterranean World in the Age of Philip II*, 2 vols., trans. Siân Reynolds (1949; Berkeley: University of California Press, 1995), quote from vol.1, p.21.

[3] 其中最具影响力的典范作品之一是 Emmanuel Le Roy Ladurie, *The Peasants of Languedoc*, trans. John Day (Champaign: University of Illinois Press, 1977)。

断扩张。

正如其名所示，身份认同政治假定，社会身份认同是重中之重，而不论它是由什么（性别、性取向、人种抑或族群）所决定的。由此，它也启发了对那些社会身份认同的研究，而不论研究对象是意大利的阿尔巴尼亚人、美国的同性恋者、秘鲁的女原住民，抑或是流散的印度商人。尽管身份认同政治往往并不带有一种统摄性的叙事，但其风行意味着唯有接纳以往受到排斥的群体，才能够实现民主化。它同时也假定，政治权力仰赖于对民族国家叙事的控制，唯有妇女、少数族群或移民群体对该国的贡献在历史、博物馆以及其他纪念场所中得到认可，他们才能取得合法的政治地位。

通过挑战这些范式所共有的基本假设——经济与社会关系是文化与政治表达的基础，20 世纪 60—90 年代兴起的各种文化理论撼动了这些范式的根基。诸文化理论中的文化并不是在经济生产方式或生产工具之上的一种“上层建筑”，一如马克思主义的表述。它也不是现代化理论所认为的社会结构、交往抑或国家官僚体制变迁所必然带来的副产品。它更不是年鉴学派所主张
019 的一种由环境与人口之缓慢推动所形成的海洋潮汐中的浪花。而且，它也不是身份认同政治所假定的，既定的社会地位潜移默化地形塑了身份认同。诸文化理论将这些假设一概推翻，进而提出：文化有其自身的逻辑；语言与文化表达并塑造了包括经济在内的人类社会，而不能简单地将前者理解为从后者中衍生出来的。

这些文化理论是从哪里来的？它们的主张是什么？这些以往用来形容如下理论——“文化研究”“后结构主义”“后现代主义”“后殖民主义”“语言学转向”“文化转向”——的术语带来了极大的混乱。这些时髦的词语是用来表达同一事物，还是不同事物呢？而且这些词语的差异的确十分重要吗？

在我看来，这些理论好似堂兄妹，它们联系密切，都附属于文化与语言。当马克思主义者力图加强马克思主义同大众文化研究与法国结构主义理论的对话之时，文化研究于 20 世纪 50 年代在英国首度出现。结构主义理论是一种人类学与语言学的研究方法，主要关注潜在的文化结构之影响。当法国的哲学家开始批判结构主义时，他们的研究方法开始被称为“后结构主义”，此

后它融入更普遍的后现代主义。后现代主义主张标榜理性、真理、科学、独立的自我以及人类的独特性的现代不过是一种语言的产物而已。在后现代主义者看来,所有这些范畴都是不稳定的,并且只能把它们置于权力行使的进程中,才能对其界定。

后殖民主义(有时被称作后殖民理论或后殖民研究)运用后现代主义,研 020
究那些遭受过殖民侵略民族的境况。例如,后殖民主义理论家研究西方霸权是如何依然形塑着像印度这样被公认是独立国家的思想范畴的。作为一个术语,"语言学转向"是指将上述这些新进展统统归为一类,即强调语言的中心性。考虑到"语言学转向"与语言学往往是貌合神离的状况,作为一种替代,"文化转向"这一术语开始得到应用,以美国为最。文化转向备受这群人的青睐,他们想保持对文化的普遍重视,却不赞同后现代主义的种种哲学立场。在此,"语言学转向"与"文化转向"这两个术语就被撂在一边儿,因为它们不过是总体描述罢了。[1]

文化研究与研究文化是两码事。要研究文化不需要特定的理论,而在英国出现的"文化研究"则无疑是有其特定理论的。文化研究的蓬勃发展很大程度上要归功于斯图尔特·霍尔(Stuart Hall)的影响。他是一位牙买加出生、信奉马克思主义的英国社会学家与文化理论家。作为一名研究青年亚文化的学者,霍尔将以E.P.汤普森为代表的、如日中天的文化马克思主义与法国人类学家克洛德·莱维-斯特劳斯(Claude Lévi-Strauss)的结构主义融为一体,于20世纪60年代在知识界声名鹊起,并很快蜚声国际。[2]

文化研究的初衷是为马克思主义开辟新天地,结果却是它取代了马克思主义,成为英国知识与政治生活的中心。霍尔认为,传统的马克思主义过于强
调生产经济学,低估了意识形态与文化的重要性。不过,他独特的文化研究在 021
与法国结构主义不断对话的过程中,使得意识形态、特别是文化攫取了舞台的

〔1〕 Victoria E.Bonnell and Lynn Hunt, eds., *Beyond the Cultural Turn: New Directions in the Study of Society and Culture* (Berkeley: University of California Press, 1999).关于不同的观点,可参看"*AHR* Forum: Historiographic 'Turns' in Critical Perspective," *American Historical Review* 117, no.3 (June, 2012): 698-813。

〔2〕 David Morley and Kuan-Hsing Chen, eds., *Stuart Hall: Critical Dialogues in Cultural Studies* (London: Routledge, 1996).

中心位置。

莱维-斯特劳斯力图将世界上各种不同的亲属体系置于共同结构之基石上。他是在研究主导亲属集团间妇女交换行为的规则中发现这些共同结构的。这些规则并非由经济条件决定,而更像口头约定。事实上,在莱维-斯特劳斯看来,"亲属体系就是一种语言"。尽管后来他作了自我更正,说亲属关系仅仅类似于语言,但这一类比对他来说是至关重要的。效仿那些研究音韵学(语言是语音体系)的学者,莱维-斯特劳斯旨在发现将各种社会关系有机地组织在一起的无意识结构。[1]

音韵学与亲属关系都是建立在分化规则的基础之上,而不是建立在内在含义的基础上。"Snow"在英语中仅指雪,是因其与其他语音及概念的关系,而不是因为语音"snow"与由水结晶而成的冰有着内在的联系。同样,允许的婚配(possible spouses)与禁止的婚配其含义是通过亲属关系规则而获致的,没有人天生就属于允许的婚配或禁止的婚配之列。每个社会都有其自身的取向。语言与亲属关系的规则是在文化当中创造与再造出来的:它们主宰着个人的思维与行动,但个人没有意识到它们在场。简言之,莱维-斯特劳斯展示了文化自身的规则、自主性与权力。一如斯图尔特·霍尔所言,莱维-斯特劳斯接受了马克思主义所称的"上层建筑",并赋予它"一种特定的效能,一种体系中的首要地位"。甚至有人说,莱维-斯特劳斯颠覆了马克思主义。[2]

022 然而,就在结构主义所向披靡之时,法国哲学家雅克·德里达(Jacques Derrida)开始攻击其预设,由此成为第一个后结构主义者。德里达认为,莱维-斯特劳斯在自然与文化之间所建立的二分法是站不住脚的,他过于强调了语言与意义的稳定性、理性的一贯性以及对一种新人文主义的需求。各种结构并没有结构化,就像那个术语所指;对它们的某种"自由发挥"往往逃避

---

[1] Claude Lévi-Strauss, *The Elementary Structures of Kinship*, trans.James Harle Bell and John Richard von Sturmer (1947; Boston: Beacon Press, 1969).关于把亲属类比于语言部分的引述,可参看 Françis Dosse, *History of Structuralism: The Rising Sign, 1945–1966*, trans.Deborah Glassman (Minneapolis: University of Minnesota Press, 1997)。亦可参看 Marcel Hénaff, *Claude Lévi-Strauss and the Making of Structural Anthropology*, trans.Mary Baker (Minneapolis: University of Minnesota Press, 1998)。

[2] Stuart Hall, "Cultural Studies: Two Paradigms," *Media, Culture and Society* 2, no.1 (January 1, 1980): 57–72.

了其决定性力量这一问题。德里达强调“语言本身需要自我批判”，而这种批判将会表明所有的二分法与假定的二元结构本身所潜伏着的非决定性。他描述了自己的哲学立场：他“力图超越人与人文主义”；换句话说，他力图远离这样的理念，即把理性、人性，抑或自我（也可理解为“自性”——译者注）当作真理的标准。[1]

当结构主义不再是主要攻击目标时，“后结构主义”这一术语就失去了其重要性。随后，“后现代主义”成为最受欢迎的术语，因为它囊括了所有正在讨论的关键问题。这些关键问题其实就是继承了18世纪启蒙运动（Enlightenment）衣钵的种种哲学假设，而后来的现代性正是由启蒙运动一手打造的。尽管其他后现代主义思想家既没有莱维-斯特劳斯孜孜以求的精神，也不具备德里达别具一格、隐晦莫测的文风，但他们都分享了德里达的精髓“反人文主义（anti-humanism）”，即致力于证明人（与理性以及自由）的观念其本身是如何成为语言的产物的，而不是什么超然独立于语言之外的事物。在这方面，与莱维-斯特劳斯相比，后现代主义有过之而无不及，赋予语言更为显赫的地位。同这一运动联系密切的思想家——德里达、雅克·拉康（Jacques Lacan）、米歇尔·福柯（Michel Foucault）以及罗兰·巴尔特*（Roland Barthes）等人——有时会对把他们都笼统地归为后现代主义者而愤愤不平。尽管这些思想家的立场远非可以等量齐观、逐一厘清，但“后现代主义”一词依然坚挺，一如要证实关于后现代主义的导论或概论类书籍的数量。

迄今为止，在这些后现代主义者中，米歇尔·福柯对文化研究、特别是史学家的影响最为深远。福柯是心理学家与哲学家，他所有的著作都根植于特定的历史环境，并特别关注1600—1850年这段时期。他的一系列著作研究了疯癫的历史、医疗诊所的诞生、监狱的兴起以及对（与他人）性行为的规制。由此，他挑战了启蒙运动时期兴起的人道主义的正统叙事。依照正统叙事，启蒙运动坚持以理性为基石的改革能够使个人从过去的无知与野蛮行为中解放

---

〔1〕 Jacques Derrida, “Structure, Sign, and Play in the Discourse of the Human Science [1966],” in Joseph P. Natoli and Linda Hutcheon, eds., *A Postmodern Reader* (Albany, NY: SUNY Press, 1933).

* 国内学界一般译为“巴特”。——译者注

出来，摆脱各种压抑性力量的束缚。福柯反驳道：治疗疯癫、行医开药、定罪量刑以及约束性行为这些现代手段，实际上是以一种更加别出心裁、甚至更加阴险的心理学方式束缚了人们；通过别人（监狱长、教师、医生、治疗师、神父、社会福利工作者）的监管与一种自我监督的方式，各种现代体制实际上创造了受到无孔不入之管制的个人。这些新做法不是改造社会，而是改造了——即规范化了——个人。结果就是畸形，而不是解放。[1]

由此，福柯有力地提供了一种对现代性、理性以及个人主义的消极观。在
024 他看来，个人是一种话语的产物，兴起于 1600—1850 年期间，因而，它是依条件而定的，既非永恒，也非普世。其来也突兀，其去也杳忽。他在《事物的秩序》（*The Order of Things*，1966）* 中总结道："正如我们的思想之考古学清楚地显明的，人这一观念是一种最近的发明。而且，或许它正在走向其终点。"没有人、制度或社会集团有意创造或操控了这一话语或"话语形构"。对于"话语形构"这个术语，福柯在《知识考古学》（*The Archaeology of Knowledge*，1969）中进行了详尽的讨论。话语形构决定了能够说什么与不能说什么。它塑造了"真理体制（regime of truth）"，因此，后者本身是依条件而定的，既是话语的产物，也是知识的生产者。真理体制生产了知识，而不是知识生产了真理。真理并不像启蒙运动所叙述的那样，是客观的、外在的力量，是一种思想从偏见或迷信中解放出来的产物。这些话语是对莱维-斯特劳斯强调结构与体制的回应，是针对其真理的部分，而不是亲属体系。福柯主张："'真理'可以被理解为一种井然有序的程序机制，用于各种陈述的生产、调整、分配、流通与实施。"对福柯来说，通常意义上的真理是不存在的；有的只是一种真理政治（相

---

〔1〕 关于福柯简明有益的综述可参看"4. Major Works," in "Michel Foucault," *The Stanford Encyclopedia of Philosophy*, at http://plato.stanford.edu/entries/foucault/#4 (accessed November 6, 2013)。关于福柯生平与著作的精彩叙述可参看 Jim Miller, *The Passion of Michel Foucault* (Cambridge, MA: Harvard University Press, 1993)。

* 1966 年该书为法文版，其书名受编辑的影响改为《词与物》；1970 年的英文版为《事物的秩序》，参看［法］福柯：《词与物：人文科学考古学》，莫伟民译，上海：上海三联书店，2002 年，译者引语，第 18 页；"词与物"，维基百科，http://zh.wikipedia.org/wiki/词与物，2014 年 10 月 29 日检索。——译者注

比之下,莱维-斯特劳斯则感到他已经洞察了亲属体系永恒不变的真理)。[1]

福柯对真理、理性与人道主义的攻击激发了对大量引人入胜的史学问题的研究。同性恋是一种仅仅在19世纪才创建的身份认同吗?为什么监狱在犯人洗心革面的过程中特别看重监视这一环?司法酷刑(judicial torture)与法国旧制度时期的那种生杀予夺的大权有着怎样的联系?疯癫的治疗何以发生在那个时期,其目的何在?一言以蔽之,通过挑战同性恋、监狱、酷刑与精神病 025
的意义是不证自明的这个假设,福柯使得史学家不得不重新思考他们进行分析所使用的各种范畴和工具以及由此得出的结论。

要超越对各种问题的具体研究路径与框架的批判,后现代主义势必要重新回到那些哲学的基本问题。正如后现代主义所主张的,如果语言塑造了所有的知识与经验,并且语言之外别无立足点,那么真理看来是不可能获致的。只存在一个由特定的话语形构决定的真理。由此,后现代主义者又提出相对主义哲学的经典问题而收尾。这些哲学问题引发了广泛的辩论,不仅发生在史学家中间,而且发生在各领域内的知识分子中间。

鉴于他们集中关注语言与真理的哲学问题,后现代主义者,如德里达与福柯,并没有为四大史学研究范式而烦恼。但深受文化研究与后现代主义感染的史学家却起而反对这些史学研究范式,并提供了令人信服的批判。那些侧重于研究文化与语言的史学家强调,社会或经济因素不再被假定为以一种紧密相关的方式决定了意识、文化或语言的内容。社会与经济范畴——例如同性恋者或金钱——唯有借助其语言与文化再现*才能够形成。因果链本身无法被清晰地描述;语言与文化再现与其说是先于或高于社会范畴,不如说它们之间是难分彼此的。克利福德·格尔茨(Clifford Geertz)就是人类学中重视通 026
过"深描(thick description)"模糊因果关系的著名倡导者。他认为:"文化不

---

〔1〕 Michel Foucault, *The Order of Things: An Archaeology of the Human Sciences* (New York: Pantheon Books, 1970), p.387; Paul Rabinow, ed., *The Foucault Reader* (New York: Random House, 1984), p.74.关于福柯与莱维-斯特劳斯的关系,参看 Miller, *Passion of Michel Foucault*, p.417。

* "representation"也可译为"具象"或"表象",读者理解时,可视语境自主选择合适的中文表述。不过,出于行文一致的需要,译者将其翻译为"再现"。——译者注

是一种权力,不能通过因果律将文化归因为诸社会事件、行为、制度抑或是过程;文化是一种语境,借由描述(即深描),身临其境,是能够理解的一种事物。"[1]

20世纪60—80年代对四大研究范式的批判恰逢其时,因为这四大范式受时局之迫而有所削弱。随着一度鼓舞了第三世界特别是越南的各项民族国家建设方略的失败,现代化理论最先遭遇艰难时世。1956年苏联出兵镇压了匈牙利起义(Hungarian uprising)*后,马克思主义也逐渐失去了其号召力;此后,20世纪80年代末东欧与苏联社会主义政权的解体给马克思主义几乎致命的打击。年鉴学派强调对缓慢变迁的农民社会的粗线条勾勒也不得不让位于那些重视二战后西方社会文化生活中方方面面沧桑变化的研究手段。而少数族群内部阶级、性别的不断分化与异族通婚率的日益增加改变了身份认同的意义,身份认同政治同样也不得不进行转型。

这四大范式都生产了它们自身的掘墓人。那些率先对文化理论感兴趣的学者,起初都受训于这四大范式中的一种。后现代主义史学家的领军人物之一琼·斯科特(Joan Scott),其职业生涯是从一位受马克思主义鼓舞的劳工史学家起步的。在美国,使文化与语言成为关注焦点贡献最大的人类学家格尔茨,是在塔尔科特·帕森斯(Talcott Parsons)的指导下从事研究的,而正是后
027 者促使涂尔干与韦伯的现代化理论成为美国社会学的重中之重。年鉴学派的史学家罗歇·沙尔捷(Roger Chartier)与雅克·雷韦尔则是转而研究法国文化的急先锋。他们的处女作都运用了年鉴学派的定量分析法。不过,身份认同政治的转型则不那么明显。例如,进行酷儿研究(queer studies)的开路先锋并不是研究同性恋的史学家,而是诸如人类学家盖尔·鲁宾(Gayle Rubin)与哲学家朱迪丝·巴特勒(Judith Butler)等史学界之外的学者。他们运用结构主

〔1〕 Clifford Geertz, "Thick Description: Toward an Interpretive Theory of Culture," in *The Interpretation of Cultures: Selected Essays* (New York: Basic Books, 1973), p.14.

* 国内学术界一般将其称为"匈牙利事件"。——译者注

义与后现代主义的方法研究有关性的问题。[1]

推翻了诸因素塑造意义的等级体系，由此所引发的震颤在史学的各领域中都能感受得到。比如，法国大革命不再依照长期以来马克思主义编史学的描述，被视为资本主义战胜了封建主义。取而代之的描述是：它被视为一场政治文化的革命，语言、仪式与符号在其中发挥着改天换地的作用。文化塑造了阶级与政治，而不是刚好相反。弗朗索瓦·菲雷（François Furet）* 主张：法国大革命“开启了一个新世界，即权力的代表是行为的中心，而且符号之巡游（the semiotic circuit）是政治的绝对主宰”，从而，他确立了此类解释模式。伴随着君主制的崩溃，权力真空需要由代表人民或为人民代言之斗争去填补。言语取代了权力，重塑了社会关系，而不是简单地表达它们。这种研究方法不久出现在几乎所有近代革命的研究之中。[2]

随着现代化理论失去其可信性，研究西方以外国家的史学家转而进行“区域研究（area studies）”，诸如对非洲、南美洲以及东亚等区域的研究。区 *028*
域研究并不要求提供一种特定的理论，进而能够培养对不同文化的异质性的兴趣。面对着许多地方对现代性的持续抵制，诸如国王倒台之后的伊朗，一些现代化理论的信奉者认识到以合理性为中心是有问题的，转而竭力主张研究社群价值。后现代主义不过是这种对现代性及其合理性之质疑的加强版而已。[3]

《年鉴》刊物的编辑们在 1988 年的一篇社论中已经感受到这种翻天覆地的变化：“这些居于主流的研究范式，过去常常采取形态各异的马克思主义或结构主义或以踌躇满志的定量分析的方式进行研究，而一旦其思想体系声名扫地，这些范式也就失去了其组织能力。”不过，除注重运用微观史学去研究

---

〔1〕 Joan Wallach Scott, *The Glassworkers of Carmaux: French Craftsmen and Political Action in a Nineteenth-Century City* (Cambridge, MA: Harvard University Press, 1980); Michel de Certeau, Dominique Julia, and Jacques Revel, *Une politique de la langue* (Paris: Gallimard, 1975); Robert J. Corber and Stephen M. Valocchi, *Queer Studies: An Interdisciplinary Reader* (Malden, MA: Wiley-Blackwell, 2003).

* 国内学界一般译为“傅勒”。——译者注

〔2〕 François Furet, *Penser la Révolution Française* (Paris: Gallimard, 1978), p. 84. 亦可参看我的论述：Lynn Hunt, *Politics, Culture, and Class in the French Revolution* (Berkeley: University of California Press, 1984)。

〔3〕 Gilman, *Mandarins of the Future*.

一个人或一个村庄以反对传统的年鉴学派对一个法国的地区或更大的地理区域如地中海的强调外,他们并没有提出什么具体的应对之策。这些编辑们意识到史学研究正在发生的巨变,但他们并不知道其结果会是什么。[1]

鉴于各身份认同群体的历史对其政治诉求至关重要,因此,身份认同政治的转型异常艰难。以妇女史为例,研究妇女的史学家发现了很多重要的新证据,表明历史上作为统治者、作家、争取选举权的人、产业工人以及妻子与母亲的妇女发挥了重要作用。但是,受文化理论鼓舞的学者们现在却大力支持社
029 会性别史,而不是妇女史。在研究社会性别的史学家看来,作为社会范畴的妇女不重要,重要的是文化与话语手段,通过它们该范畴自身才得以构建。这种差别绝非止于语义。通过研究妇女的行或思是无法理解社会性别关系的——即男女有别的文化体制。侧重点必须放在基于生理性别(sex)互动的整个体制,尤其是男性的行与思;简言之,这些关系必须通过文化的方式加以理论化。女性本身则有再次沦为摆设之虞。[2]

同样,非洲裔美国人、亚洲裔美国人与拉丁裔美国人的研究受到了种族研究的挑战;同性恋史受到酷儿研究的挑战;原住民史受到后殖民研究的挑战。所有预先存在着各种社会范畴的历史研究都遭遇了文化批判的竞争,后者侧重于对这些社会范畴的建构与解构。考察对非洲裔美国人、同性恋者以及原住民的压迫史变得似乎不再紧要,紧要的是分析种族、性的语言与范畴以及那些规定这些范畴的掌权者,而不是那些受压迫者。

对时空沧桑巨变的诸多研究表明:种族、性别与阶级都不再被视为由生物学、人口学或经济学所决定的恒定范畴。它们都是由各种密切相关的、不稳定的体制塑造的,而后者又是由不断变换的文化价值观创造出来的。例如,黑人的"黑",不是肤色问题,更不用说根本性的基因变异(种族内部的基因变异要

〔1〕 Editors of *Annales*, "History and Social Science: A Critical Turning Point [March-April 1988]," as translated and reproduced in Jacques Revel and Lynn Hunt, eds., *Histories: French Constructions of the Past* (New York: New Press, 1995), pp.480-483.

〔2〕 这方面最有影响的著作是 Joan Wallach Scott, *Gender and the Politics of History* (New York: Columbia University Press, 1999)。

比种族间的变异更大)的问题,而是“白”的定义权问题。白与黑是文化的再 030
现。19 世纪的美国,“白”是依据一个人的自由程度、文明水平以及对基督教的忠诚,连同肤色而定义的。人们认为基督徒要比非基督徒更白,清教徒要比天主教徒更白,北欧的移民要比南欧的移民更白。例如,19 世纪 40 年代至 80 年代,爱尔兰裔移民被刻画成类似猿人、仆从的样子,他们不像白人,更像华人或黑人。只是日久天长了,他们才被当作白人。[1]

既然原先由决定意义的各要素构成的等级体系已经崩溃了,由此研究议程也随之发生了变化。对文化再现的考察开始优先于对社会经济条件的分析。对 E.P.汤普森《英国工人阶级的形成》一书的回应可以作为一个很好的、反映研究进展的例子。在该书中,汤普森继续坚持正统的马克思主义主张:“阶级经验很大程度上是由人们生而既有的或不知不觉进入其中的生产关系决定的。”不过,他仅仅用数百页篇幅所描述的这种阶级经历与体验却助推了文化研究。因为在这数百页中他比较注重描述工人的语言、仪式与思维习惯,而不是社会经济结构。[2]

尽管汤普森没有受后现代主义的影响,但它却影响了下一代史学家,他们更加关注工人的语言。他们认为汤普森没有领会恰当使用语言分析的迫切
性。尽管汤普森重视文化,但他们强调,汤普森的预设是不正确的。他预设工 031
人的语言仅仅是对他们阶级经验的反映,而不是首先塑造了那些阶级经验。此外,女权主义史学家则抱怨汤普森走错了路,即便妇女积极参加了很多工人阶级的运动,但工人阶级中男性的语言与文化不遗余力地将女性推至一边,让她们安于家庭生活。汤普森本人则极力反对如下观点:史学家急需文化理论,尤其是那些从法国舶来的文化理论。[3]

---

[1] Steve Garner, *Whiteness: An Introduction* (New York: Routledge, 2007); Nancy Foner and George M.Fredrickson, *Not Just Black and White: Historical and Contemporary Perspectives on Immigration, Race, and Ethnicity in the United States* (New York: Russel Sage Foundation, 2005), p.171.

[2] Edward Palmer Thompson, *The Making of the English Working Class* (New York: Pantheon Books, 1964), p.9.

[3] Harvey J.Kaye and Keith MacClelland, *E. P. Thompson: Critical Perspectives* (Philadelphia: Temple University Press, 1990); Scott, *Gender and the Politics of History*, pp.68-92; Anna Clark, *The Struggle for the Breeches: Gender and the Making of the British Working Class* (Berkeley: University of California Press, 1997); E.P. Thompson, *The Poverty of Theory and Other Essays* (New York: Monthly Review Press, 1978).

尽管遭到诸如汤普森这样一些史学家中领军人物的抵制，但文化理论对史学研究与写作的影响仍然稳步推进。最注重文化理论的史学领域，即文化史在美国最终取得了某种主导地位。自20世纪90年代中期以来的15年里，文化史成为最受美国历史学会会员欢迎的选题，紧随其后的是宗教史与妇女史。政治史甚至是社会史都被远远地抛在后头；的确，1992—2004年期间，从事社会史研究——支持不同形式的马克思主义、年鉴学派以及身份认同政治——的史学家数量减少了2/3。[1]

文化史与文化研究最早在英语世界建立了滩头阵地，不过，直到最近人们才开始尝试从国际范围内考察这种趋势。国际文化史学会（International Society for Cultural History）要到2008年才建立，四年后，其旗舰刊物《文化史》（*Cultural History*）开始发行。最近面世的文化史回顾性的研究成果，其采用的
032 语言至少有八种，但都是欧洲语言。文化研究比文化史更受欢迎。因为前者结合英国马克思主义与后现代主义去考察大众文化、大众传媒以及大众历史，使得其在印度、中国以及一些非洲国家很有市场，但它们被认可的程度在这些国家是参差不齐的。[2]

虽然文化理论的影响与日俱增，但其与非西方国家的关系依然是矛盾的：后现代主义的研究方法一直以来被用于批判欧洲中心主义，但与此同时，那些批判的原理大多源自西方。考虑到文化理论主要源自英国（文化研究）、法国（后现代主义）以及美国（文化史），因此它们甚至会被视为一种西方帝国主义的副产品。即便如此，真理必然是偶然的后现代主义立场依然得到了一些人的积极响应。他们力图挑战西方的思想霸权，进而实际上是要将欧洲"地方化"。这也正是印度史学家迪佩什·查克拉巴蒂（Dipesh Chakrabarty）所孜孜以求的。

---

〔1〕 公布的人数参看 http://blog.historians.org/2009/06/ahamembership-grows-modestly-as-history-of-religion-surpasses-culture/ （accessed November 8，2013）。

〔2〕 Philippe Poirrier，*L' Histoire culturelle：un "tournant mondial" dans l' historiographie?* （Dijon：Éditions universitaires de Dijon，2008）；Peter Burke，"Strengths and Weaknesses of Cultural History，" *Cultural History* 1，no. 1 （2012）：1-13，p.1；Michael Payne and Jessica Rae Barbera，eds.，*A Dictionary of Cultural and Critical Theory* （Malden，MA：John Wiley，2010）.

查克拉巴蒂注意到这样一个事实：第三世界的史学家必须阅读重要的欧洲史著作，而欧洲的史学家却可以无视世界其他地区学者的研究成果。其原因在于欧洲史学家的治史模式被认为是放之四海而皆准的。“不管是以E.P.汤普森、埃马纽埃尔·勒鲁瓦·拉迪里（Emmanuel Le Roy Ladurie）、乔治·迪比（Georges Duby）、卡洛·金兹伯格（Carlo Ginzburg）、劳伦斯·斯通（Lawrence Stone）、罗伯特·达恩顿（Robert Darnton）或是以纳塔莉·戴维斯（Natalie Davis）为模式……史学家的‘伟大’与典范之作，至少从文化上看往往都是欧洲的。”查克拉巴蒂想要改变那种局面，但就连他本人也承认，他所运用的大部分批判工具都与欧洲的思想传统尤其是后现代主义密切相关。[1]

不过，查克拉巴蒂的例子也表明：很大程度上滥觞于欧洲的文化理论，也 033
可以用来反对欧洲中心主义。运用后现代主义批判欧洲中心主义的做法一直以来被冠以“后殖民主义”的标签。之所以这样称呼是因为后殖民主义本身带有这样的含义：挑战殖民的认知方式，尤其是西方的认知方式是天然优越的这一假设。后殖民主义的守护圣徒是已故的、研究英国文学与比较文学的巴勒斯坦裔美国教授爱德华·赛义德（Edward Saïd）。其著作《东方主义》（*Orientalism*，1978）运用后现代主义弃西方如敝屣。赛义德径直采用福柯的观点：权力塑造真理。在赛义德看来，西方依照其自身的偏见构造出了“东方”；“欧洲文化的优势与身份认同是通过贬抑东方来实现的”。东方弱小，因其阴柔；西方强大，因其阳刚。东方是独裁专制的；西方是议会民主的。东方是神秘莫测、遮遮掩掩与耽于享乐的；西方是直截了当、开诚布公与彬彬有礼的。西方的学者、外交官与行政官员将这种由他们炮制出来的东方主义作为一项帝国主义工具，而且通过运用东方主义，他们力图用其所获得的东方文化知识服务于其自身的目的。正如福柯所主张的：这样知识就服务于权力，而不是向当权者讲真相或提供任何来自权力的解放。[2]

文化理论的后殖民反思影响极广。实际上，在1992年查克拉巴蒂出版了

---

〔1〕 Dipesh Chakrabarty, *Provincializing Europe: Postcolonial Thought and Historical Difference* (Princeton, NJ: Princeton University Press, 2000), p.28.

〔2〕 Edward W.Said, *Orientalism* (New York: Random House, 1978).

其独树一帜的、对欧洲史权威的控诉书之时,大潮就已经开始朝此转向。西方的史学家现在已经开始阅读非西方的历史,而且他们期望找到能够影响其研034 究的材料与路径(查克拉巴蒂的著作被视为绝佳的典范之作)。因为他们越来越深刻地认识到,如果要想将其理所当然的欧洲主题嵌入一种全球脉络中,那么他们就别无他途。正如法国不再被简单地想象成为其六角形边界(基于其形状,对法国本土的称呼)的扩展,因为法国的前殖民地数百年来已成为其历史的一部分,甚至是在非殖民化之后依然如是。同样,欧洲史也不能简单地被构想成为欧洲本土的历史。在数个世纪里,欧洲一直与中东、非洲、亚洲以及美洲进行着货物、思想与人员的交流。一如赛义德所教导的,只有相对于世界其他地方之时,欧洲才成其为欧洲。身份认同是一种关系的产物,而非一种内在本质。身份认同终究不是千篇一律,而是与众不同。[1]

这些异彩纷呈的文化理论的兴起无可避免地敲响了警钟,而且听到警钟者绝不仅限于汤普森。马克思主义史学家埃里克·霍布斯鲍姆(Eric Hobsbawm)描述了他的反应:“随着法国思想家们日益进入到‘后现代主义’领域当中,我觉得他们了无生趣、莫明其妙,对史学家来说没有多大裨益。”然而,很多史学家却正在运用后现代主义,而且也有一些学者为其所扰,乃至大为光火。经济史学家斯蒂芬·哈伯(Stephen Haber)重新审视了文化理论在墨西哥史中的运用,而且特别反对“一种后现代主义对客观事实的存在所持的游移不定的态度”。他坚持认为:新文化史仰赖的是一种“存在着根本缺陷”的主观主义认识论。而且其践行者的政治目标,就拉丁美洲史而言,是“反对资本主义、拥护社会主义与支持革命的”,而这必然会歪曲他们的分析。035 在他看来,夹杂着政治偏见的后现代的相对主义无异于是对新文化史之诉求的釜底抽薪。[2]

---

〔1〕 对于查克拉巴蒂的早期的观点,可参看 Dipesh Chakrabarty, “Postcoloniality and the Artifice of History: Who Speaks for ‘Indian’ Past?,” Representations 37 (January 1, 1992): 1-26。

〔2〕 Eric Hobsbawm, *Interesting Times: A Twentieth-Century Life* (New York: New Press, 2002), p. 334; Stephen Haber, “Anything Goes: Mexico's ‘New’ Cultrual History,” *Hispanic American Historical Review* 79, no. 2 (Special Issue: Mexico's New Cultural History: Una Lucha Libre) (May, 1999): 307-330, quotes from pp. 312, 329.

美国社会史学家葆拉·法斯(Paula Fass)发现,即便不将其缺陷直接归因于后现代主义,新文化史依然存在不足之处。她写道:“深切感受到了社会史中存在的错误认识,为此,我们用文化史来纠偏;而今天我们则不得不忍受反其道而行的苦楚,即我们面临着文化史的如下威胁:基于不靠谱的数据而得出的恢宏结论带有模糊性、不确切性与分析上的唯我主义。”她认为,文化史学家过于关注边缘人群与稀奇古怪的文献,而没有更好地关注常态的或主流的社会运作。她主张,当以个案、个体而不是以典型来界定文化时,文化史学家反而会暗指存在着各种庞大而尚未分化的力量(vast undifferentiated forces)。由此,她得出结论:复兴各种社会史的批判性甄别工具迫在眉睫。[1]

到了20世纪90年代,即便是那些早年的文化理论推动者也开始担忧他们的成功中存在的诸多缺陷。史学界倡导文化研究方法的先驱之一威廉·休厄尔(William Sewell)提出,“文化”这一术语冒着失去所有特点的风险。他认为,由于对文化喋喋不休的探讨另类化与固化了被研究的群体,这造成了许多人类学家对这股“学术文化热”失去了兴趣。文化史学家可以继续使用类似的折中概念吗?休厄尔认为他们是可以继续使用的,但前提是一些重大问题必须得到关注。[2]

其他学者抱怨:文化承担了过多的阐释功能,使其不堪重负。美国社会学家理查德·别尔纳茨基*(Richard Biernacki)认为文化史学家不过是将社会史学家的诉求倒置了而已,“尽管其立足点是文化与语言,而不是(或连同)社会 036
与经济,但他们承继了社会史学家的做法,即各种阐释都植根于一种‘真正的’且不可化约的历史之基”。英国地理学家唐·米切尔(Don Mitchell)表述得更为直白:“(从本体论来看)就不存在文化这回事。”米切尔督促“社会理论家”要将其彻底摒弃,“转而聚焦于打着权力或利益的旗号,文化这一观念如何发展与铺排,成为一种试图命令、控制和定义‘他者’的工具”。诸文化理论

[1] Paula S.Fass,“Cultural History/Social History:Some Reflections on a Continuing Dialogue,” *Journal of Social History* 37 (Fall,2003):39-46,quote from p.44.

[2] William H.Sewell Jr.,“The Concept(s) of Culture,” in Bonnel and Hunt,eds.,*Beyond the Cultural Turn*,pp. 35-61,quote from p.36.

* 国内的中译本《超越文化转向》中,译为“比尔纳齐”。——译者注

亦是一种文化再现,并且同样要接受那些抨击四大范式的理论的批判。[1]

这样,那些运用文化理论的史学家一直备受指责,说他们漠视政治与使其研究政治化、贬低了人民群众的主观能动性而夸大了英雄人物的主观能动性、看重大而化之的笼统话语而忽略各种具体的社会、经济与政治文献中的特定话语。尽管这些批评有其可取之处,但往往疏漏了文化指涉本身之修辞与政治属性。文化理论之所以强调文化,是为了挑战那些习惯性地将文化简单化为其他事物的范式。文化理论或文化史的倡导者在文化(或语言或话语)的定义上并没有达成共识,但坦白地讲,他们对此并不怎么在意。他们更在意的是驳斥此类文化观,即把文化视为各种经济力量或社会环境的必然副产品。
037 例如,米切尔的主张与马克思主义的文化观十分吻合;他将文化置于“权力或利益的名下”。文化理论反对将文化简单化为其他事物。因为权力和利益本身尚须仰赖文化再现。

然而无可否认的是,文化理论与文化史中后现代主义的显赫地位一直饱受争议之苦。而琼·斯科特在后现代主义的争论中则发挥了避雷针的作用。这既因为她在女性主义史学中所享有的举足轻重的地位,也因为她的理论体系在文化史与社会性别史领域的开拓者中是最为完备的。她的著作《社会性别与历史政治学》(*Gender and the Politics of History*,1988)成为这些领域中引用频次最高的著作之一。原因在于该著作从理论综述与具体范例两个方面提供了启发史学家运用后现代主义审视证据的诸多新方法。该书同样也拥戴后现代的相对主义。她强调:“一种更加激进的女性主义政治学(与一种更加激进的女性主义史学),似乎对我来说就需要一种更加激进的认识论。”她特别喜欢求助于雅克·德里达和米歇尔·福柯,因为这两位作者将知识与权力联系起来,而且他们的研究“相对化了所有知识的地位”。[2]

---

〔1〕 Richard Biernacki,“Method and Metaphor after the New Cultural History,” in Bonnel and Hunt,eds.,*Beyond the Cultural Turn*,quote from p.63;Don Mitchell,“There's No Such Thing as Culture:Towards a Reconceptualization of the Idea of Culture in Geography,” *Transactions of the Institute of British Geographers*, New Series, 20,no.1 (1995):102-116.

〔2〕 Scott,*Gender and the Politics of History*,p.4.

斯科特对语言与话语的关注搅扰了许多女性主义者与研究妇女的史学家。斯科特的同事法国史学家劳拉·李·唐斯(Laura Lee Downs)在其发表的批判性文章《如果“妇女”仅是一个空洞的范畴,那么我何以会害怕夜间独行?身份认同政治与后现代主题的邂逅》中,表达了许多人对下述观念的沮丧之情:妇女只不过是一种话语建构。在一篇主要以斯科特的作品为对象的评论性文章中,唐斯承认后现代主义对西方知识的挑战可谓一针见血,但她为以下情形感到惋惜:这种挑战也彻底扼杀了作为一种认识主体与政治行动基石的个人。还有一些评论家的批评甚至更为严厉。研究妇女的重要史学家之一 038
琼·霍夫(Joan Hoff)在《社会性别,一个苍白无力的后现代主义范畴》一文中抱怨:后现代主义者对解构妇女范畴的强调有将妇女史同其自身的政治基础与使命隔绝开来之虞。在她看来,后现代主义对女性主义史学来说有百害而无一利。[1]

因为后殖民主义与后现代主义之间一衣带水的关系,它也罹受了同样的批判。将原住民或土著人(aborigine)简单地视为一种话语的产物,其结果与视妇女为一个空洞范畴所带来的问题如出一辙。土著人的经验几乎不再重要,重要的是作为一种有意义的范畴而建构出来的土著人的话语形构;而这种话语形构的权力一直以来都掌握在非土著的、男性白人手中,由他们来确定这种话语体系中各个术语的意义。后现代主义对欧洲理论模式的依赖源自福柯、德里达及其他后现代主义者,而事实证明这种对欧洲理论模式的依赖存在极大的问题。那些强调欧洲中心主义的男性白人组成的欧洲学者来提供那些文化理论,似乎会削弱殖民统治结束后当地人民依照自身方式行动的能力。阿布里尔·特里戈(Abril Trigo)抱怨道:拉丁美洲就像东方(the Orient),只不过是一个研究对象或一个意识形态的构建物。任何独立自存意义上的拉丁美

[1] Laura Lee Downs, "If 'Woman' Is Just an Empty Category, Then Why Am I Afraid to Walk Alone at Night?," *Comparative Studies in Society and History* 35 (April, 1993): 414–437; Joan Hoff, "Gender as a Postmodern Category of Paralysis," *Women's History Review* 3, no.2 (1994): 149–168.

洲都停止了。[1]

关于后现代主义已经着墨不少，而且我认为：将其所有的观点复述一遍，尤其是在关于其影响的许多争论很大程度上已经淡去的情况下，意义不大。对于重获经验(recapture experience)、重建人的主观能动性的潜力、发现一些
039 真理主张的基石的必要性感到绝望后，大多数史学家简单地采纳了后现代主义的一些真知灼见，但对后现代主义在认识论上的诸多主张则无动于衷，不持立场。可以确信，德里达和福柯依然会出现在文化研究的导论当中，但各种认识论问题(真理存在吗？我们怎么认识真理？)则渐渐消失。"理论"依然，但早已今非昔比，无法点燃往日的热情或愤怒。[2]

对文化的研究依然存在，但其目的何在？史学研究的四大范式——马克思主义、现代化理论、年鉴学派与身份认同政治——均已风光不再，各种文化理论却迟迟拿不出一个令人心悦诚服的替代方案。它们擅长破而非立。文化变成了某种包罗万象的事物，而且在这一过程中失去了解释力。对此，文学理论家蒂洛特默·拉詹(Tilottama Rajan)批评道："文化主义(culturalism)失去了解释力却依然坚挺恰恰就在于其无所不包的含糊性，它掩盖了各种潜在的矛盾。"初出茅庐之际，它是一种批判各种主流范式的利器；及至收场，却不再像攻城拔寨的破城槌，反倒更像人们平常听到的抽水马桶的汲汲声。[3]

近年，随着威廉·休厄尔的研究从社会史转向文化史及对后者发展方向的日益关切，他也提出了类似的批判。最令其苦恼的就是因果分析与"对资本主义动力的考量"(从史学领域——译者加)的退场。他认为：史学家"对微

---

[1] Graham Huggan, "Postcolonialism and Its Discontents," *Transition* 62 (1993): 130-135; Sara Castro-Klaren, "The Latin American Cultural Studies Reader [review]," *MLN* 121, no.2 (March 28, 2006, Hispanic Issue): 465-472.

[2] "Front Matter," *History and Theory* 40, no.4 (December 1, 2001). 史学家当中也存在着一股勇猛精进的力量，努力维系理论探讨，参看 Gabrielle M. Spiegel, "The Task of the Historian," *American Historical Review* 114, no.1 (February, 2009): 1-15。关于后现代主义出现在文化研究导论中的一个例子，可参看 Chris Rojek, *Cultural Studies* (Cambridge, UK: Polity, 2007)。尽管该书提及福柯的真理观，但"认识论(epistemology)"一词并没有出现。对文化研究的具体话题的更多关注，例如，不妨关注电视真人秀节目(reality TV)。

[3] Tilottama Rajan, "In the Wake of Cultural Studies: Globalization, Theory, and the University," *Diacritics* 31 (Fall, 2001): 67-88, quote from p.70; Bonnel and Hunt, eds., *Beyond the Cultural Turn*, esp.pp.10-11.

观、地方、基础(the elementary)、文化建构的新激情”同当代资本主义,尤其是趋向于解除管制的当代资本主义分享着“某种逻辑关系”。换句话说,史学家对文化的关注使得他们对各种更为恢宏的跨国资本主义工商业发展模式视而 040
不见。尽管休厄尔不赞成贸然回归到20世纪70年代风格的马克思主义或现代化理论,但他与葆拉·法斯所见略同,都力促文化史学家要重新获取社会史的一些优点:运用定量分析法;关注普通民众特别是劳苦大众的经验;再度重视社会经济结构与进程。最终,他其实是在推动一种升级版的马克思主义。[1]

难道史学家一定要在复归以往范式与完全不要范式之间进行抉择吗?因为我们对史学宗旨的理解受制于形势的变迁,所以尽管史学写作的本质是变动不居的,但在本书的最后一章中,我依然认为:我们会因一种新范式而获益。这种新范式并不能令所有人心悦诚服,甚或在那些已经服膺的学者当中也不会永远都信服。但是,大历史、恢宏故事(overarching stories)或者元叙事似乎是人性中不可或缺的部分。我们都想知晓我们从哪里来,而且我们都想知晓各种不同层次——我们的生活、我们的民族国家、我们的文明、我们的世界——的答案。尽管所有人都说要拒斥此类叙述——让-弗朗索瓦·利奥塔尔(Jean-François Lyotard)给后现代状态(postmodern condition)所下的著名定义:(它)是一种“针对各种元叙事的怀疑态度”——但这些元叙事还是找到了再度溜进来的办法。[2]

在众多的后现代主义者当中,在创建一种使历史变得简单明了的后现代主义范式方面,福柯是独一无二的。他不仅抵制那些正在发展的人道主义与自由解放运动的现代性叙事,而且用他自己的关于规训社会(the disciplinary society)兴起的反叙事(counter-narrative)代替它。在福柯看来,现代历史的驱

[1] William H.Sewell Jr., *Logics of History: Social History and Social Transformation* (Chicago: University of Chicago Press, 2005), quote form p.77.“社会的”一词赫然出现在其书名中,意味深长。

[2] Jean-François Lyotard, *The Postmodern Condition: A Report on Knowledge*, trans. Geoff Bennington and Brian Massumi (Minneapolis: University of Minnesota Press, 1984), quote from p.xxiv.

041 动力并不是源于资本主义的胜利、性解放运动、民主主义或者人权。现代性反倒意味着一个规训社会的形成,通过塑造个人的身心,学校、工厂、军队与监狱控制了他们。[1]

福柯的反叙事与马克斯·韦伯关于现代性及其官僚理性主义的"铁笼"叙述颇为相似,但福柯在揭露现代官僚制度(bureaucratic forms)本身如何催生一种个人身份认同感方面,比韦伯走得更远。福柯在《规训与惩罚》(*Discipline and Punish*,1975)中写道:"18 世纪的这两个伟大'发现'——社会进步与个人的创生——可能与新的权力技术,更确切地说是与一种管理时间的新方式密切相关",通过对时间的切割分类,做到完全利用好每一分钟。这样,新的权力技术就制造出了知识,制造出了社会与个人的真实存在方式。个人只不过是监管与内化(internalization)的有效节点而已,而不是可以通过自觉的主观能动性去改造世界的认知主体。福柯成功地构建了一种替代性的范式,他于史学家来说可谓功不可没。史学家要么毁之,要么誉之。我在本书的最后一章则力图毁之。[2]

挑战福柯关于现代性的观念就需要更加全面地批判那些假设,即诸文化理论到头来也同样无法摆脱那些它们所推翻的范式之结局。即使在质疑将文化与语言简化为经济与社会因素这一做法时,像福柯这样的文化理论家们仍然认为自我、身体、情感甚至理性本身都是语言、话语与文化的产物。它们是
042 由文化决定的,由此从文化的角度看,它们都是相对的。例如,在《女权主义理论百科全书》(*Encyclopedia of Feminist Theories*,2000)中,一位撰稿人十分清楚地写道:"在由白人男性主导的文化中,种族,类似社会性别(gender),很大程度上是一种压迫性的社会构建物。"诸文化理论的支持者主张语言、话语与

---

[1] 关于元叙事与后现代主义的总体情况,参看 Ernst Breisach,*On the Future of History:The Postmodernist Challenge and Its Aftermath* (Chicago:University of Chicago Press,2003)。

[2] 关于福柯与韦伯部分的论述,参看 David Garland,*Punishment and Modern Society:A Study in Social Theory* (Chicago:University of Chicago Press,1993);Michel Foucault,*Discipline and Punish:The Birth of the Prison* (New York:Random House,1978),p.160。

文化有其自主性与逻辑性的同时,也认为经验、情感(emotions)* 乃至个体感与身份认同感完全是由包裹着它们的意义塑造的。唯有透过语言或文化的面纱,个人才能看清并回应这个世界。自我及其经验不具有自主性;唯有文化才具备自主性。[1]

因此,即便诸文化理论转而关注社会领域中的另外一些因素,即语言和文化,而不是科学技术或生产方式,它们依然秉持着“社会建构论”。社会性领域(The Realm of the social)——无论称之为社会、社会关系、身份认同、文化,抑或是话语——依然是意义的基础或源泉。诸文化理论表明“社会性(the social)”** 远比人们原先所想象的更为复杂。不像神话中擎天而立的阿特拉斯(Atlas),社会并非居于文化之下;相反,社会是经,文化是纬;经纬交错,共同编织着意义、经验与身份认同。但是诸文化理论同样强调任何意义、经验或者身份认同都不能外在于社会与文化。这一预设——社会是意义之基或源——作为一种理解世界的方式是强大而又入世的,而且其力量是取之不竭的。不过,它并非理解世界的唯一方式。在第三章里,我努力深挖社会的运作,特别是其与自我的关系,进而暗示存在着其他一些具有思考意义的方式。

通过大体上打破各范式之藩篱(福柯是个例外),诸文化理论为其他范式取代马克思主义、现代化理论、年鉴学派与身份认同政治留下了空间。在下一章我将会探讨全球化正是这样一种包罗万象式的叙事,它蕴含着一种崭新的研究议程。史学家亟待运用诸文化理论的工具,留意其不足,进而挑战当下史学所宣称的研究领域。

---

* “emotions”在心理学与认知科学的中译本著作中,大多将其翻译为“情绪”。译者则基本上将其翻译为“情感”,如此翻译的重要理由就是:情感既包括情绪,也涵盖了感受。——译者注

[1] Lorraine Code, ed., *Encyclopedia of Feminist Theories* (London: Taylor & Francis, 2000), p.417.关于批评部分参看 William M.Reddy, “Against Constructionism: The Historical Ethnography of Emotions,” *Current Anthropology* 38 (June, 1997): 327-351。亦可参看 Tobin Siebers, “Disability in Theory: From Social Constructionism to the New Realism of the Body,” *American Literary History* 13 (Winter, 2001): 737-775。

** “the social”实难翻译,或可理解为“社会交往”。——译者注

044 # 第二章　全球化的挑战

历史学家只是最近才关注全球化。此前,他们与其他人没什么两样,都对该话题置之不理。到了 20 世纪 90 年代,全球化才逐渐引人瞩目,这一点通过当时使用该词的书籍名称的与日俱增即可见一斑。

20 世纪 80 年代末以前,书名中带有“全球化”字样的书籍还是凤毛麟角;但是,到了 20 世纪 90 年代,该类书籍急剧增加,一直延续到 21 世纪的头 10 年。[1] 不过,全球化现象并非始于 20 世纪 90 年代,其起始时间目前也无定论。既然我们所有人都是来自非洲的拓殖者的后代,而在距今 4 万年到 12.5 万年,这些来自非洲的拓殖者取代了世界其他各地区的早期人类,那么,从某种意义上讲,全球化与人类历史的开端是联袂而行的。不过,一些人认为,只是随着 19 世纪交通与通信革命的发生,随着铁路、蒸汽机、电报与电话的普及使得极其遥远地方之间的通信与运输更加迅捷,那才算是真正意义上全球化
045 的开端。另外一些人则把全球化视为一个间或中断的、更加长远的发展进程。这其中包括世界性宗教的传播(佛教、犹太教、基督教、伊斯兰教)、欧洲的海外大发现与征服以及随之而来的欧洲在全球各地的殖民活动。20 世纪 90 年代,唯一融入的新元素是因特网的普及,不过那时它主要对发达国家产生影响。2000 年时,仅有 5%的世界人口使用因特网,而到了 2012 年,已经达到世

[1] 根据迈克尔·兰(Michael Lang)的说法,那些研究商业的学者,关注全球化的第一高潮是 20 世纪 70 年代末和 80 年代初。Michael Lang,“Globalization and Its History,” *Journal of Modern History* 78, No.4 (2006):899-931.我在这篇文章中提出了一些全球化的问题:Lynn Hunt,“Globalisation and Time,” in Chris Lorenz and Berber Bevernage, eds., *Breaking up Time: Negotiating the Borders between Present, Past and future* (Schriftenreiheder FRIAS School of History, Vol.7) (Göttingen: Vandenhoeck & Ruprecht, 2013), pp. 199-215。

界人口的34%。因特网日益向世界各地渗透,并将它们联系在一起。它的确是全球化中的一股重要力量。但是直到20世纪90年代末才迅速普及的因特网无法解释人们对全球化的关注度为何会在90年代初就开始飙升。[1]

简言之,全球化在20世纪90年代骤然备受瞩目,不是因为当时其本身之 046
兴起或剧变,而是因为苏联的解体与冷战的终结。由此,全球化填补了资本主义与共产主义之间冷战对峙结束所造成的意识形态真空。伴随着苏联的土崩瓦解以及共产主义不再是生死攸关的问题,世界秩序日益变得扑朔迷离。这样,全球化似乎是一件不可避免的事情。而且,许多人辩称全球化正好解释了苏联的坍塌,即面对20世纪80年代以来兴起的全球电子经济,其国有企业无力与之竞争。[2]

西方马克思主义者早已不再维护东欧式或苏联式共产主义,但现在他们有了新的攻击目标:作为资本主义发展的某个阶段的全球化。马克思主义者确信:资本主义的无情扩张,尤其是向前东方阵营*国家和非西方国家的扩张,对大多数民众来说,并不一定是必然的、自然而然的或者有益的。在马克思主义者看来,资本的全球化是20世纪80年代兴起的所谓的新自由主义(neoliberal)革命的结果,其推动力来自英国的玛格丽特·撒切尔(Margaret Thatcher)与美国的罗纳德·里根(Ronald Reagan)所实施的各项政策。当苏联式共产主义不堪自身各种矛盾之重负而轰然坍塌之时,马克思主义理论家转而关注各种资本主义的内在冲突。作为一种社会分析法,马克思主义仍有其活力。由此,全球化在未来一段时间里将会是一个颇具争议的话题。[3]

史学家对全球化的关注比较迟缓。他们对全球化的忽略是有其自身的原

---

〔1〕 Claude E.Barfield, Günter Heiduk, and Paul J.J.Welfens, eds., *Internet, Economic Growth and Globalization: Perspectives on the New Economy in Europe, Japan and USA* (Berlin: Springer, 2003).关于因特网的使用情况,参看 Internet World Stats, Usage and Population Statistics, http://www.internetworldstats.com/stats.htm (accessed November 8, 2013)。

〔2〕 安东尼·吉登斯1999年在英国广播公司(BBC)主办的瑞斯讲座(Reith Lectures)中提出的观点,可登录 http://news.bbc.co.un/hi/english/static/events/reith_99/week1.htm (accessed November 8, 2013)。

* 指冷战期间以美国为首的西方阵营对中欧及东欧社会主义国家的称呼,其范围大致包括苏联及华沙条约组织成员国。——译者注

〔3〕 关于全球化的著作不胜枚举,在此不再赘述。关于一种颇具影响力的马克思主义观,参看 Michael Hardt and Antonio Negri, *Empire* (Cambridge, MA: Harvard University Press, 2001)。

因的，即主要是囿于以民族国家为中心的史学写作。1949 年，联合国教育、科
047 学及文化组织（UNESCO）委托编写了一本针对 14 岁法国学生的教材。这本教材的命运把来自民族国家史与民族主义史的诸种压力暴露无遗。通过树立一个更加恢宏的民族国家史的典范，联合国教育、科学及文化组织力图鼓励“国际理解”。这本教材以法国为例，力图展现每一个民族都应感谢其他民族。联合国希望这一典范能够起到一呼百应的效果。这本教材的作者是年鉴学派的领军人物吕西安·费夫尔与法国著名的研究英国经济史的专家弗朗索瓦·克鲁泽（François Crouzet）。他们带着极大的热情，不辱使命，创作了一部反映全球对法国生活影响的典范之作。他们建议要仔细观察生活在你周围的人们。他们是同宗同族吗？这很难说，因为只要看一眼就会使任何人都确信“法国人”是一个囊括阿拉伯人与非洲人在内的多民族混合体。他们继续写道，仔细观察当地公园里的各种植物，大多数的“法国”树来自亚洲：例如 16 世纪中期梧桐来到了法国，而栗树是 17 世纪初来到的。同样，许多最为“正宗的”法国食物其实也源自世界其他地区：绿豆、马铃薯以及西红柿源自新世界*；柑橘属果树源自远东，不一而足。一言以蔽之，世界对法国所产生的巨大影响，早在 60 年前就已经广为人知。该书的命运如何呢？费夫尔与克鲁泽合著的这本书直到 2012 年才首次出版发行。该书最初的出版明显是受到一些人的阻挠，他们不喜欢它对法国与欧洲的淡化。[1]

大学的专业化加强了职业史学家与他们所研究的民族国家史之间的纽带，这一点对那些即便不研究本国历史的史学家来说也是适用的。例如，一位
048 可能会研究意大利文艺复兴的澳大利亚史学家将会发现他很难对弗朗西斯一世（Francis I）治下的法国了如指掌，更不要提西班牙和葡萄牙对美洲的征服

* 指美洲。——译者注

〔1〕 *Nous sommes des sang-mêlés: manuel d'histoire de la civilisation française*, Lucien Febvre and François Crouzet, ed. Denis and Elisabeth Crouzet（Paris: Albin Michel, 2012）. 我要感谢卡罗琳·福特（Caroline Ford）让我注意到这部著作，并与我分享了她对该书的评论。该教材第一版的部分内容在联合国教育、科学及文化组织的档案库中能够找到，参看 http://www.unesco.org/new/en/unesco/resources/online-materials/publications/unesco-database/（the typewritten UNESCO document is dated December 28, 1951; accessed November 8, 2013）。

了,虽然这些历史事件与文艺复兴发生在同一时期。

专业化的推动力来自史学与其他社会科学与人文学科对自然科学的竞相模仿。作为一位“专家”意味着要精通某一研究领域,撷取有待考察的恰当问题,进行专门的探究,进而发表研究成果。继之而来的会是一种恶性循环:随着各大学要求提供专家证明,成果发表的数量则会节节攀升;而随着成果发表数量的扶摇直上,如果他们想要精通该领域的话,其研究范围势必日益狭窄。一个史学家可能像过去的我一样,起步之时专攻法国,然后会将关注点迅速缩小至法国的一个地区、一个或两个市镇,甚或是一个村庄。就我的博士论文兼处女作而言,我考察了旧制度末期法国大革命初期香槟(Champagne)地区的两个市镇,即兰斯(Reims)与特鲁瓦(Troyes)。[1]

此类研究的目标往往就是为了阐释法国史。因此,一项对两个国家的分析则显得过于野心勃勃;如果大多数人都在谈论一个国家的一两个地方,那么一个史学家怎么能够做到探讨两个有着不同语言、文化与历史的国家呢?尽管专攻1800年以前各个时期的史学家可能会重点研究像佛罗伦萨(Florence)这样文艺复兴时期单一的城市国家或者像罗马帝国、奥斯曼帝国或神圣罗马帝国这样的整个帝国,但主导现代史研究的则是民族国家。例如,研究欧洲的史学家很少会研究整个现代欧洲,他们只不过是研究法国、大不列颠或意大利的史学家而已;基本上不存在亚洲史史学家,而只有日本史、中国史、印度史、印度尼西亚史或另一个亚洲国家史的专家;没有美洲史史学家,仅有加拿大 049
史、美国史、墨西哥史或秘鲁史史学家。非洲史史学家有时不止研究一个前殖民地,但通常情况下要研究的其他殖民地与该殖民地往往都同属一个帝国主义列强管辖。

不过,纵然如此,在民族国家身份认同变更的冲击下,以民族国家为中心的史学写作也开始向外拓展。在美国,一旦工人、妇女与非洲裔美国人被纳入民族国家叙事之后,那么,那些新移民群体被接纳也是迟早的事情。因为现在

[1] Lynn Avery Hunt, *Revolution and Urban Politics in Provincial France: Troyes and Reims, 1786-1790* (Stanford: Stanford University Press, 1978).

许多美国学生都是来自五湖四海的,他们知晓在创建民族国家凝聚力的过程中,世界对其是一种重要的补充。事实上,自19世纪初美国的高中创建以来,它们就在教授某种意义上的世界史。但是,直到20世纪80年代,世界史的基本含义就是西方文明史。例如,19世纪末通行的教科书既不讲印度,也不谈中国,或是在重点讲古希腊、古罗马与欧洲历史时顺便提及一下。1982年世界史协会(World History Association)的建立标志着世界史的重点开始从欧洲中心转向多中心。美国大学理事会(College Board)* 在其大学预备课程考试的教学指南中规定:凡想要上学院或大学的高中生,都要考世界史。美国大学理事会明确援引了不断增长的非欧洲背景美国学生的数量,而他们希望"历史教学既要涉及他们自身的文化根源,也要触及长期以来享有特权的欧洲历史"。[1]

050 与美国相比,欧洲国家必须面临的挑战不仅是要将新移民纳入民族国家叙事之中,而且还要建构一种介于民族国家与世界之间的欧洲身份认同。如果欧洲联盟(European Union)想要长期保持活力与繁荣,它要求各成员国必须具有欧洲身份认同感,用以支持诸多欧盟机构的运作。近年的经济危机表明:仅仅拥有共同的货币与边界政策是不够的。在20世纪90年代末,《欧洲委员会议会第1283号建议》(*Recommendation 1283 of the Parliamentary Assembly of the Council of Europe*)号召欧盟内的各个学校的教学大纲要涵盖"整体欧洲史,即那些形成了欧洲身份认同的政治大事、经济大事、哲学运动和文化运

---

* 美国大学理事会(College Board)是成立于1900年的一个会员制协会,即大学入学考试委员会(College Entrance Examination Board,CEEB),由5900多所学校、大专院校和其他教育机构组成。它提供的标准化考试被高等教育机构用来测试学生的学术能力。参看 http://zh.wikipedia.org/wiki/美國大學理事會。——译者注

〔1〕 Gilbert Allardyce,"Toward World History:American Historians and the Coming of the World History Course," *Journal of World History* 1, no.1 (1990):23-76;Sharon Cohen, *AP World History Teacher's Guide* (New York:College Board,2007), quote from p.1,参看 htttp://www.google.com/url? sa=t&rct=j&q=&esrc=s-&source=web&cd=1&ved=0CCwQFjAA&url=http%3A%2F%2Fapcentral.collegeboard.com%2Fapc%2Fmembers%2Frepository%2Fap07_worldhist_teahersguide.pdf&ei=A3LxUbrJLsqniAKWmoGgCg&usg=AFQjCNEXjZ3RNWL_fJtth1GGi6N_UeyvaA&bvm=bv.49784469,d.cGE (accessed November 8,2013)。

动”。[1]

不过,欧洲的世界史同样也处于上升期。2013年法国中学教师资格考试(agrégation,获得法国中学教师职位资格的考试)发布的历史科目的考试大纲如下:公元前800—前300年期间散居在地中海盆地与印度河流域的希腊移民(Greek diasporas);1270—1480年期间苏格兰、英格兰、爱尔兰、威尔士、法兰西以及神圣罗马帝国西部地区的战争与社会;1680—1780年期间欧洲的国际流通;以及19世纪50年代至20世纪50年代非洲、加勒比海地区与亚洲的殖民地社会。即便这些题目依然优先考虑欧洲,但它们也意味着对狭隘民族国家窠臼的大幅外拓。[2]

这些更为恢宏的(无论是欧洲的,抑或是全球的)身份认同之网络可以视为对民族国家自豪感以及与之密切相关的史学之优势的弱化。“导言”中讨论的乌克兰的例子表明独立会导致国民身份认同的内向化(a turning inward),并形成一种新的国民身份认同的防护机制。南斯拉夫解体后,联合国与欧洲历史教育者协会(European Association of History Educators)决定举办各种国际研讨班,教授波斯尼亚、克罗地亚与塞尔维亚历史,希望能防止其各族群间敌意的加深。史学并没有失去其动员能力。一种更具全球取向的史学将会有助于鼓励跨国公民意识(a sense of international citizenship)的形成,即属于世界公民而非仅仅一国之公民。不过就其现状而言,这只是一种美好的期望,而非现实。[3] 051

尽管史学家日益关注全球史的原因有待进一步讨论,而一种重大的转变已经开始了:如果不是对全球史,那也是对跨国史的兴趣正在与日俱增。翻开最近任何一期的《美国历史评论》(*American Historical Review*),你都能找到这

[1] Subarticle 3 of article 14 of Recommendation 1283, p.53 of *The Challenges of the Information and Communication Technologies Facing History Teaching* (Symposium, March 25-27, 1999, Andorra la Vella [Andorra]), ed. Jacques Tardif (Strasbourg: Council of Europe, 1999).

[2] 关于世界各国的世界史与全球史的出色的研究综述,可参看 Pierre Grosser, “L' Histoire mondiale/globale, une jeunesse exubérante mais difficile,” *Vingtième Siècle. Revue d' histoire* 110, no.2 (2011): 3-18。

[3] 有关南斯拉夫的各项叙述,可参看 European Association of History Educators, “History That Connects the Western Balkans,” http://www.euroclio.eu/new/index.php/work/history-that-connects (accessed November 9, 2013)。

种变化的证据。《美国历史评论》一直以来都是美国史与西欧史的学术堡垒，但现在它也定期刊发一些跨国史、跨区域(inter-regional)史与全球史方面的文章。研究民族国家的史学家，甚至那些研究本民族国家的史学家，也日益寻求将本民族国家史置于全球背景中。

例如，研究早期美国历史的史学家过去往往关注美国史与英国史之间的种种联系，而现在他们同时将美国与加勒比群岛地区的奴隶制经济以及那些曾经殖民过北美大陆的法国人、西班牙人以及荷兰人的作用联系起来。同样，研究18世纪与大革命时期法国的史学家现在也承认奴隶制的影响。它不仅
052 影响到法国商人们贩卖奴隶的加勒比群岛地区和非洲的各贸易站点，而且也影响到法国本土。因为法国的领土遍布世界，从加勒比海的马提尼克(Martinique)到加拿大的圣皮埃尔(Saint-Pierre)再到太平洋的新喀里多尼亚(New Caledonia)，似乎只有将法国史不限于欧洲之藩篱才是正确的。而且，诚如费夫尔与克鲁泽60年前所主张的，即便是欧洲意义上的法国也不能将其理所当然地等同于法国。例如，法国的咖啡馆，最早是由亚美尼亚商人于17世纪在巴黎建立的；许多法国人在19世纪晚期以前不讲法语。由民族主义描绘的历史的外表下面潜伏着一部全球史。[1]

这种对历史全球背景的日益关注仅仅是一种全球化的结果？抑或可能是全球化的原因之一？这很大程度上取决于对全球化定义及其运作方式的解释。全球化会取代那些文化理论所批评的旧有的范式，而成为一种新的历史解释范式吗？抑或是一种特洛伊木马(Troyjan horse)，存在旧有的范式卷土重来之虞，而不是带来真正的新范式呢？对我们而言，存在着失去那些从最初挑战旧有范式而获得的所有收益的风险吗？抑或是文化理论能够提供一种批判

---

[1] 关于美国史跨国转向的通论，可参看 Thomas Bender, *A Nation among Nations: America's Place in World History* (New York: Hill & Wang, 2006)。关于致力于这种跨国转向的某一领域研究的上乘之作，可参看 Carla Guardina Pestana, *Protestant Empire: Religion and the Making of the British Atlantic World* (Philadelphia: University of Pennsylvania Press, 2009)。关于奴隶制，可参看 Robin Blackburn, *The Overthrow of Colonial Slavery, 1776-1848* (London: Verso, 1988); Ina Baghdiantz McCabe, *Orientalism in Early Modern France: Eurasian Trade, Exoticism, and the Ancient Régime* (New York: Berg, 2008); Eugen Weber, *Peasants into Frenchmen: The Modernization of Rural France, 1870-1914* (Stanford: Stanford University Press, 1976)。

史观,有助于重塑全球化讨论本身?

为了回答这些问题,我们的当务之急是先正名。全球化是世界日益变得联系密切与相互依赖的过程。强调相互依赖是至关重要的,因为这意味着单方面的契约不是充分条件。全球化并不是始于 1492 年克里斯托弗·哥伦布(Christopher Columbus)在巴哈马群岛中的一个岛屿登陆的那一刻。只有当欧 053
洲人喜爱上生长在美洲的各种植物(西红柿、马铃薯、玉米、可可、烟草)或在美洲种植的各种植物(甘蔗与棉花,与之相应的是种植园奴隶制的发展)时,或使它们对人们有用时,全球化才真正启动。换句话说,只有欧洲与美洲开始依赖对方,即便这种相互依赖远非双向的或平等互惠的,全球化才能得以不断增进。全球化并不止于物品或食物的交流,可以从经济、技术、社会、政治、文化甚或是生物的角度对其进行界定。[1]

尽管全球化最好应该被视为一种遍及整个人类历史中时断时续的长期进程,但大多数评论家在论及全球化时,主要关注最近二三十年。从这一短期视角来看,经济全球化是指世界范围内金融机构、贸易网络与生产流程(manufacturing circuits)的相互贯通(有时称之为多国或跨国资本主义)。技术全球化借助以下方式压缩了时间与空间:通达便捷的航空旅行、集装箱航运、计算机的普及以及将其接入互联网、特别是近年的全球定位卫星与无线通信。社会全球化来自移民的与日俱增,他们从一个国家到另一个国家,从乡村到城市,特别是前往上海、墨西哥城、伦敦以及纽约市等全球大都市。政治全球化主要包括(美国)通过武力或武力抵抗(恐怖主义)确立世界霸权的种种尝试、日渐强劲的更大规模的政治体(欧洲联盟、世界贸易组织、联合国)的影响以及全球性的诸如人权方面的政治讨论。文化全球化是指身份认同与各项日常活动所发展出来的全球样式:混血或流散人群的身份认同变得日益重要;世界 054
各地随处可见的动漫、电子游戏机、咖啡、可口可乐以及候机大厅;各种日益仰

---

[1] 有影响力的全球化定义之一是由罗伯特·基奥恩(Robert Keohane)与约瑟夫·奈(Joseph Nye)所做的。他们宣称:全球化意味着一种全球主义(globalism)的日益增长,即等同于“遥远的各大陆间存在的相互依赖之网络”。Joseph S. Nye and Robert O. Keohane, “Globalization: What's New, What's Not (and So What)?,” in Joseph S. Nye, *Power in the Global Information Age: From Realism to Globalization* (London: Routledge, 2004), p.191.

赖于其国际化的身份认同的宗教运动(如伊斯兰教与福音派新教)。在生物方面的全球化往往带有消极性质,因为国际旅行现在能够在相当短的时间内使得流行病波及全球。

作为对我们所生活世界的一种描述,“全球化”这一术语在用来凸显共同的变化过程方面是有用的。然而,用这一术语来代表一种历史变迁的范式或宏大叙述(overarching account)时,各种问题就会接踵而至。它往往并非表示一种范式,甚至那些使用该术语的人们对宏大叙述的理解也无法取得共识。究其实质,当前大多数争论的中心问题是:全球化,福兮祸兮?就其效果而言,设若是福,那么就会与假设是祸的叙事判若云泥。[1]

无论全球化对人类来说是福还是祸,全球化的拥护者与批评者都能够就此问题展开辩论。因为他们都同意:一种非凡的变化进程正在行进中,而且其首要原因当属经济层面上的,即资本的全球化,尤其是金融的全球化。全球化领域重要的文化理论家之一阿尔琼·阿帕杜拉伊(Arjun Appadurai),对当代人的这一普遍洞见不厌其烦地重复道:“全球化与当前植根于全球的资本运作有着不可分割的联系……其最显著的特色就是全球金融的烈马脱缰之势。”[2]

依照该论点,资本市场以及与之相伴的金融投机将不再受民族国家的疆
055 域甚或工业生产力的限制。因为全球资本不再固定于任何地方,所以它具有“去疆域化(deterritorializing)”的影响;而各种交易也不发生在某一特定的地点。一些人认为全球化的定义就是去疆域化,而这种去疆域化会对民族国家的主权构成挑战,因为主权终归是建立在控制疆域的观念基础之上的。不管去疆域化是不是全球化的核心特征,全球化的支持者与反对者都认为:政治、社会、文化乃至技术层面的全球化都是次要的或派生的,其首要因素是一个全

〔1〕 关于全球化能否成为一种范式的问题已经产生相当可观的研究成果,可参看 Philip G. Cerny, “Globalization and Other Stories: The Search for a New Paradigm for International Relations,” *International Journal* 51, no.4 (1996): 617-637。

〔2〕 Arjun Appadurai, ed., *Globalization* (Durham, NC: Duke University Press, 2001), p.4.

球化的经济。[1]

全球化的讨论越是范式化,它就愈加假定这一进程的必然性。依照其极具影响力的构想,英国社会学家安东尼·吉登斯(Anthony Giddens)写道,“现代性与生俱来的本性就是日益全球化”,由此势必导致全球化成为现代化的伴生物。同样,卡尔·马克思(Karl Marx)与弗里德里希·恩格斯(Friedrich Engels)在1848年发表的《共产党宣言》(*The Communist Manifesto*)中就预见了资本主义所固有的全球化效应:“不断扩大产品销路的需要,驱使资产阶级奔走于全球各地。……过去那种地方的和民族的自给自足和闭关自守状态,被各民族的各方面的互相往来和各方面的互相依赖所代替了。”[2] *

由此,作为一种范式的全球化强调全球化这一进程的必然性、作为全球化驱动力的经济的至高无上性以及研究上强调经济因素的可取性。少数史学家的研究反映了这一新进展,他们尝试从整体上去分析全球化。葡萄牙史学家卡蒂亚·安图内斯(Cátia Antunes)铺陈了各种全球化方面的现行史学研究模式:布罗代尔的整体史构想、伊曼纽尔·沃勒斯坦(Immanuel Wallerstein)的世 056
界体系论以及安德烈·贡德·弗兰克(Andre Gunder Frank)对“重新定向”全球化的思考。弗兰克更加努力关注全球化进程中的亚洲,尤其关注中国。[3]

区别于与年鉴学派密切相关的许多人,布罗代尔的关注点从来都不局限

---

[1] 有关去疆域化的重要性,可参看 Jan Aart Scholte, *Globalization:A Critical Introduction* (Houndmills, Basingstoke, Hampshire, UK: Palgrave Macmillan, 2000)。

[2] Anthony Giddens, “The Globalizing of Modernity [originally published 1990],” in David Held and Anthony G.McGrew, eds., *The Global Transformations Reader:An Introduction to the Globalization Debate*, 2nd ed. (London: Wiley-Blackwell, 2003), p.60. 关于《共产党宣言》中的那一段落可参看 http://www.gutenberg.org/files/61/61.txt。

* 关于《共产党宣言》段落的翻译,参看中共中央马克思恩格斯列宁斯大林著作编译局编:《马克思恩格斯选集》,第1卷,北京:人民出版社,1995年,第276页。其中“自给自足和闭关自守状态”字句在本书的英文版中语序是颠倒的,即“seclusion and self-sufficiency”。——译者注

[3] Cátia Antunes, “Globalisation in History and the History of Globalisation: The Application of a Globalisation Model to Historical Research,” in William R.Thompson, George Modelski, and Tessaleno Devesas, eds., *Globalization as Evolutionary Process:Modeling Global Change* (London: Taylor & Francis, 2008), pp.242–266. 除了布罗代尔、沃勒斯坦和弗兰克要进一步讨论外,对其他学者的名字都已经做了注释。例如,可参看 Krzysztof Pomian, “World History: histoire mondiale, histoire universelle,” *Le Débat* 154, no.2 (2009): 14–40; Olivier Pétré-Grenouilleau, “La Galaxie histoire-monde,” *Le Débat* 154, no.2 (2009): 41–52。

于法国。1949 年其关于整个地中海地区的开拓性著作(《菲利普二世时代的地中海与地中海世界》[*The Mediterranean and the Mediterranean World in the Age of Philip II*])出版后,布罗代尔转而关注资本主义的全球史。《文明与资本主义》(*Civilisation et capitalisme*)于 1967 年问世,然后于 1979 年扩展为三卷本的《物质文明、经济和资本主义》(*Civilisation matérielle, économie et capitalisme*)。尽管该书使用了“文明”一词,但整体上强调经济的首要性,细节上强调资本主义的首要性可以说是一览无遗。例如,在该书第一卷的结尾,布罗代尔描绘了资本主义所具有的独一无二的作用:“资本主义可以选择它所向往的领域,并对这些领域进行干预;它能够将这些领域原有的命运抛在一边,依照自身的诸结构将其原有的要素进行重构,进而在这一进程中渐进地改造了其他事物的结构。”[1]

美国社会学家伊曼纽尔·沃勒斯坦对布罗代尔的研究推崇备至,他在纽约州立大学宾厄姆顿校区(SUNY Binghamtom)建立了费尔南·布罗代尔经济体、历史体系与文明研究中心(Fernand Braudel Center for the Study of Economies, Historical Systems, and Civilizations)。而且他亲自主管该中心的运营近 30 年。起初,沃勒斯坦是研究非洲的专家。他坚持认为自 16 世纪以来世界的每一地区都是一个“世界体系”的组成部分。在 2004 年出版的纲领性的著作中,他解释了全球化的关联性:“世界体系论的拥护者……早在全球化术语
057 被发明出来之前,就一直在谈论全球化——然而,与其说它是新事物,还不如说它是始自 16 世纪以来现代世界体系的核心内容。”他坚持认为:现代世界体系“现在与过去始终都是一种**世界经济体**(*world-economy*)。它现在与过去始终都是一种**资本主义**世界经济体(*capitalist* world-economy)”。[2]

[1] Fernand Braudel, *Civilization and Capitalism, 15th–18th Century*, vol.1: *The Structure of Everyday Life* (Berkeley: University of California Press, 1992), p.562.

[2] Immanuel Wallerstein, *World-Systems Analysis: An Introduction* (Durham, NC: Duke University Press, 2004), pp.x, 23.沃勒斯坦从《现代世界体系·第一卷·16 世纪的资本主义农业与欧洲世界经济体的起源》[*Modern World-System I: Capitalist Agriculture and the Origins of the European World-Economy in the Sixteenth Century* (*Studies in Social Discontinuity*) (New York: Academic Press, 1974)]一书开始其世界体系项目的研究。

一如后布罗代尔时代(post-Braudel generation)的沃勒斯坦,德裔美国经济史学家安德烈·贡德·弗兰克撰写了关于乌克兰农业的博士论文,但他在智利教书期间出版了《拉丁美洲的资本主义和不发达》(*Capitalism and Underdevelopment in Latin America*,1967)。该书的核心被称为“依附论(dependency theory)”。依附论驳斥了现代化理论的主张,即所有国家都必须经历发展的各个阶段;与之相反,它认为富国使穷国处于一种依附地位,旨在维持其获取廉价劳动力与产品市场的优势地位。

尽管在某些方面依附论与世界体系论方枘圆凿,但弗兰克相信世界体系可以回溯得更远一些,可回溯到公元前4000年左右农业与文字的传播。鉴于他认为沃勒斯坦的世界体系论带有明显的欧洲中心主义倾向,这使得他对亚洲尤其是中国感兴趣。的确,他强调:实际上,此前所做东西方比较的种种尝试,从马克思和韦伯到布罗代尔和沃勒斯坦,都因欧洲中心主义而一叶障目。其书名《重新审视》(*ReORIENT*)在此方面的立意十分清晰。不过该书的副标题——《亚洲时代的全球经济体》(*Global Economy in the Asian Age*)与我在此处的写作宗旨甚为贴切。一如布罗代尔和沃勒斯坦,弗兰克特别重视经济。[1] *

伴随着对经济变迁驱动力的强调,作为一种范式的全球化与表示一种进程的全球化同样是兼容并包,它鲸吞着沿途的所有事物。不论他们在解释上 058
有何歧见,但布罗代尔、沃勒斯坦与弗兰克各自的立场在此却意味着全球化范式更具普遍性。全球化在很大程度上绕过了作为四大史学研究范式之一的年鉴学派的同时(尽管布罗代尔功不可没),也收编了现代化与马克思主义这两大史学研究范式,而且改造了身份认同政治史学研究范式。

对许多人来说,全球化不过是现代化的旧酒装新瓶而已;而马克思主义者正是基于此对其大加挞伐,而不是搞出一项可行的替代方案。在全球化范式中,身份认同不再是源于某种一成不变的社会范畴,诸如族群(ethnicity);也

〔1〕 Andre Gunder Frank, *ReORIENT:Global Economy in the Asian Age* (Berkeley:University of California Press, 1998).

* 国内将该书翻译为《白银资本:重视经济全球化中的东方》。——译者注

不再是来自某种文化的建构物，例如种族(race)。全球化产生了多重身份认同(hybrid identities)，突破了以往各种定义的束缚，改造了身份认同政治的环境。早在20多年前，阿尔琼·阿帕杜拉伊就提醒人们注意"全球族群格局(ethnoscapes)"*的新进展。他预言：人员的全球流动将会创造许多全新的、过去无法想象的身份认同形式。游客、难民、外来工人(guest workers)、移民以及流亡者都将不再被排除在社会身份认同规则之外。伴随着他们重要性的与日俱增，这就需要各种新式的民族志——按照阿帕杜拉伊的说法，即一种"跨国人类学(transnational anthropology)"——唯其如此，才能捕捉到这种跨越传统疆界的、流动的多重(hybrid)新式身份认同。社会学家正在分析"跨国身份认同政治"，即"全球化对文化与政治进行了杂糅、特殊化与后现代化(hybridizes，particularizes，and postmodernizes)"后所产生的效应。[1]

相对来说，当年鉴学派致力于各种驳杂的跨国史，即研究许多诸如地中海
059 地区、大西洋地区或印度洋地区等小"世界"之时，它仍然不为全球化范式所动。很少有学者效仿布罗代尔对资本主义历史所做的分析。实际上，绝大多数法国史学家依然关注个别的民族国家，尤其是法国。2000年的统计显示：法国有约2000位近代早期和近代史学家(early-modern and modern historians)，其中仅有29位是俄国或东欧史专家，19位是中国史专家，15位是日本史专家。大多数史学家都是研究法国本国史的。尽管在追赶全球化大潮方面，法国的相对迟滞令人扼腕，但这也有可能会带来种种"后发(late)"工业化的优势，能够轻松地避开各种能看到的陷阱。[2]

---

* 也可译为"族裔景观""族裔风貌""族裔图景"。——译者注

〔1〕 Arjun Appadurai，"Disjuncture and Difference in the Global Cultural Economy，" *Public Culture* 2，no.2 (Spring，1990)：1-24，p.7；Arjun Appadurai，"Global Ethnoscapes：Notes and Queries for a Transnational Anthropology，" in R.C.Fox，ed.，*Recapturing Anthropology：Working in the Present* (Santa Fe：School of American Research，1991)，pp.191-210；Gabriel Ignatow，*Transnational Identity Politics and the Environment* (Lanham，MD：Rowman & Littlefield，2007)，quote from p.34.

〔2〕 有关在2000年之时法国史学家专业化的评论，可参看 Bernard Thomann，"Histoire et mondialisation，" *idées.fr*，October 2，2008，at http://www.laviedesidees.fr/Histoire-et-mondialisation，449.html (viewed August 24，2012)；and also the introduction by Caroline Douki and Philippe Minard，"Histoire globale，histoires connectées：un changement d'échelle historiographique?，" *Revue d'histoire moderne et contemporaine*，54，no.4 (2007)：7-21。

集此前三种史学研究范式于一身的、无所不包的(overarching)全球化范式隐含着两个令人不安的后果:它转而关注宏观历史(世界层面上的)趋势,尤其是宏观经济趋势;它隐含的假设是,经济形塑生活的方方面面。一言以蔽之,全球化范式重新恢复了那些恰好被文化理论批判过的假定,进而大有将最近几十年来文化史所取得的成果冲刷殆尽之虞。

然而,这在很大程度上也取决于全球化的研究方法,尤其是取决于它采取自上而下还是自下而上的研究路径。自上而下俯视,全球化是一种进程,它改造了世界,创建了一个沃勒斯坦所说的世界体系。自下而上仰望,全球化更像是一系列的跨国进程,世界各地多样化的历史变得日益密切相关、休戚与共。
视角的转换并不一定会得出相似的终极结果;恰恰相反,对过去的与现在的全 060
球化进程是什么而言,不同的视角会产生截然不同的理解。

自上而下的视角是一种世界史观或全球史观。诚如研究世界史的史学家杰里·本特利(Jerry Bentley)所言,如果说将全球化纳入历史中的目标就是要重点关注"那些将世界各地许多迥然不同、彼此隔绝的社会联系起来的大规模历史进程"的话,那么各种物资与人员交流的国际模式几乎必然会处于傲人的地位。要么是凸显贸易或商业交换,要么是彰显人口流动与疾病传播。自上而下视角下的全球化似乎注定了史学家要关注各种宏观历史或体系的进程。[1]

最近人们对全球史观或宏观史观兴趣飙升的根源是多方面的。全球化讨论中出现的批评声音势必会引起那些试图发展全球化历史的史学家的回应;而这或许能够解答当下的一些问题,特别是最近几十年热议的话题,即全球化是否应该采取一种截然不同的形式。各种对文化理论与文化史学家强调宏观史的不满已经激起了一种反对宏观史的趋向。恰如帕特里克·奥布赖恩(Patrick O'Brien)在一篇关于全球史的文章中所评论的:"一定会有这样的历史研究与教学的旨趣,不止迪佩什·查克拉巴蒂所说的'热衷于理解细节,研

[1] Jerry H.Bentley,"Globalizing History and Historicizing Globalization," *Globalizations* 1,no.1 (2004):69-81, quote from p.79.

究各种多元化的人类生活'。"最后但并非不重要的,当前的各种事件,诸如"反恐战争"、中国的崛起以及全球经济危机,都在鼓励一种全球视角。[1]

061 通过放弃因果论证的知识领域,文化理论就为其他人以及下面这些人的介入打开了方便之门。这些人对全球化历史或是所谓的复归"大问题"感兴趣,旨在填补因果论之真空地带。例如,约翰·霍布森(John Hobson)在《西方文明的东方起源》(*The Eastern Origins of Western Civilization*)一书中主张:东方(在500—1800年期间是领先于西方的)促成了,也就是说,导致了西方的兴起。他的"东方全球化"论解决了一系列"大问题":"1492年神话"(欧洲人在发现未知大陆的能力上是独一无二的观念);英国率先工业化的原因(它是军国主义的结果,而非技术革新);"合理的西方自由民主国家与泾渭分明的东西方分野的孪生神话"等。霍布森力图推翻西方兴起的传统叙述,但仍基于同样的假设:西方的兴起需要得到解释,并且只能通过一种自上而下的经济视角。[2]

秘鲁社会学家阿尼瓦尔·基哈诺(Anibal Quijano)提供了一个关于全球化起源反欧洲中心史观的替代方案。他强调"亚美利加"(即美洲)所起的至关重要的作用:"亚美利加是第一个获得现代与全球地缘文化身份的。而欧洲则是第二个,它是亚美利加的结果,而不是相反。"现代欧洲的形成有赖于美洲的印第安人、黑人与梅斯提索*,是后者提供了"先进的采矿业与农业技术"和诸如金、银、马铃薯、西红柿以及烟草等主要原材料。就此而论,不是欧洲,也不是"东方",而是美洲扣动了该因果关系的扳机。[3]

而且,基哈诺认为:尽管直接的殖民主义在世界的绝大部分地区业已终
062 结,但全球化仍有赖于某种"权力的殖民性(coloniality of power)"。对美洲的

---

[1] Patrick O'Brien, "Historiographical Traditions and Modern Imperatives for the Restoration of Global History," *Journal of Global History* 1 (2006): 3-39, quote from p.37.

[2] John M.Hobson, *The Eastern Origins of Western Civilisation* (Cambridge, UK: Cambridge University Press, 2004), quote from p.2 and Contents.

* 关于梅斯提索,请参看夏征农、陈至力主编:《辞海》(第六版彩图本),上海:上海辞书出版社,2009年,第1541页。——译者注

[3] Anibal Quijano (Michael Ennis, trans.), "Coloniality of Power, Eurocentrism, and Latin America," *Nepantla: Views from South* 1 (2000): 533-580, quote from p.552.

征服确立了一种持久的全球化模式，基哈诺将其直接等同于现代化。全球化围绕着两个密切相关的轴心旋转：基于强制劳动的资本主义与“种族”，后者将征服者与被征服者生物学意义上的差异加以法典化。新体系的理论基础就是欧洲中心主义。尽管基哈诺认为作为一种文化因素的种族在全球化当中发挥着重要作用，但它首先附属于政治权力（欧洲中心主义起源于殖民征服这一事实），其次附属于全球资本主义的经济结构，在殖民征服时代结束之后，作为一种文化因素的种族依然长期存在。起初是为了批判欧洲中心主义，但结果是他使得世界资本主义的“欧洲中心化（eurocentrification）”变得看似无可避免。经济因素（economics）再次大行其道。[1]

如果说人们认为文化史过于单一化（particularistic），痴迷于各种异质的个人及其微观史，以及更加关注背景而非原因的话，那么全球史与宏观史则可以被认为是或被假定为前者的一种高级替代物。但是，自上而下的视角也有其自身的问题。它把全球化与现代西方的主导地位理解为世界性的经济进程，并且由此将其置于首要地位考虑。它助长了各种因果解释的形成（causal answers），用以解答诸多所谓的宏观问题，而提出的这些问题本身往往就是错误的。对此，桑贾伊·苏布拉马尼亚姆（Sanjay Subrahmanyam）主张：“我们必须摒弃那种发展主义的视角。我们可以将该视角追溯至两位开山鼻祖（马克思与W.W.罗斯托［W.W.Rostow］）那里。该视角笃信唯一值得探寻的问题是：在现代民族国家的名单中，谁是通往工业资本主义漫漫征途中的成功者与失败者。”[2]

将如此重要的任务委托给世界性进程，尤其是世界经济进程，这在某种程 063
度上源于数据的可用性（availability）或数据的匮乏。与观念或实践的流播指数相比，对物资与人员流动的指数进行量化要相对容易得多。此类事例，数不胜数，仅举一例：最近出现了一种野心勃勃的尝试，即通过此类条件来定义创

〔1〕 Ibid., especially p.537.

〔2〕 Sanjay Subrahmanyam, “Connected Histories: Notes towards a Reconfiguration of Early Modern Eurasia,” *Modern Asian Studies* 31, no.3 (July 1, 1997): 735-762, quote from p.745.罗斯托是现代化理论的领军人物。

新,即“具有重要经济意义的新创造基本上是由公司来实现的”,进而确定全球化对亚洲与欧洲民族国家创新体制的影响。基于当代的数据,可供研究之用的“人类发展指数”是人均 GDP(国内生产总值)和预期寿命。例如,衡量个人发展机会时比较人均收入要比采用其他非经济方式容易得多。早些时候,经济指数或许是唯一便于使用的量化指数。全球化范式青睐经济与其他结构性解释,只消扩大量化规模就可以,而且,它往往依赖非常宏观的经济测量标准(国内生产总值、国民生产总值),这就助长了冷战时期的“追逐增长风(growthmanship)”(例如,我们的体制要比你们的好,因为它能创造更高的国民生产总值)。[1]

然而,事实上,仅就历史专家有赖于深厚学识而言,多数史学家都运用自下而上的视角。大多数的全球史是跨国史(在两个或更多个非同一个国家的地方之间建立关联)与比较史(比较两个或更多地方),而不是真正的全球史。
064 史学家里能够仿效布罗代尔、沃勒斯坦与弗兰克者,可谓凤毛麟角。布罗代尔论述资本主义的三卷本著作探究了欧洲范围内现代世界的起源,提供了丰富的描述普通人生活的材料,但并没有提出有关全球化的总体性观点。沃勒斯坦和弗兰克各自提出恢宏的综合性全球化历史的理论,但他们的研究却了无新意。不像政治学家霍布森或社会学家基哈诺,大多数的史学家既偏离了整体性描述,也回避了无所不包式的理论。

自下而上的视角提供了一种中间立场,它通过探究新证据去建构新的一般规则,而不是去验证各种无所不包的理论模式。只要史学家跨越民族国家之藩篱,自下而上地观察全球化就可以包容各种不同的视角。审慎地借助跨国视角,史学家重新发现长期以来受到忽视的跨国空间,诸如边境、沙漠、河流以及海洋。当布罗代尔写地中海时,他几乎只关注海滨。他想要读者掌握生活在地中海沿岸的人们与其腹地之间的相互关联。而新的海洋研究路径则提

---

〔1〕 Charles Edquist and Leif Hommen, eds., *Small Country Innovation Systems: Globalization, Change and Policy in Asia and Europe* (Cheltenham, UK: Edward Elgar, 2008), pp.8, 486.关于追逐增长风,可参看 David C.Engerman, “Bernath Lecture: American Knowledge and Global Power,” *Diplomatic History* 31, no.4 (2007): 599–622。

醒我们：历史不仅涉及陆域，也涉及水域本身。更注重海与洋而较少关注作为陆域的民族国家构架似乎势必会成为新的出发点。1990—1999 年期间，《美国历史评论》发表了 4 篇标题带有“海洋（ocean）”字样的书评，但没有论文。2000—2009 年期间，该刊物发表了 17 篇此类书评，5 篇此类主题的论文。[1]

只要看一看任何致力于全球史的杂志，都会表明：自下而上的视角居于主导地位。例如，2012 年 3 月份《全球史杂志》（*Journal of Global History*）的文章涉及美国与大哥伦比亚共和国（Gran Colombia）* 两个刚刚独立的国家之间的 065
融资、18—19 世纪初俄国对太平洋西北地区 ** 的立场、19 世纪初非洲裔美国人的移民以及 20 世纪 30 年代以前盎格鲁世界里的各种英国人协会（English associations in the Anglo world）。其中，只有一篇文章——探讨了国民收入评估在全球经济史中的运用——采用了一种世界视角，而且该文对此类评估的使用持怀疑态度，因为这些评估偏袒欧洲类型的民族国家。[2]

自下而上的视角并不需要关注以往的学说假设。例如，一个史学家不必预先假定：当前或历史上全球化的驱动力往往来自经济因素。马西 · 诺顿在一项关于大西洋世界里的烟草与巧克力的杰出研究中，展示了西班牙人是如何从育婴女佣、姘妇、印第安巫医（Indian healers）与市场商贩那里学会使用美洲的烟草与巧克力的。回国的殖民者与船员把烟草与巧克力带回西班牙，但这些东西作为商品的突然成功要等到 16 世纪末，距哥伦布的首航已经过了一

〔1〕 Kären Wigen, “Cartographies of Connection: Ocean Maps as Metaphors for Interarea History,” in Jerry H. Bentley, Renate Bridenthal, and Anand A. Yang, eds., *Interactions: Transregional Perspectives on World History* (Honolulu: University of Hawai'i Press, 2005); W. Jeffrey Bolster, “Putting the Ocean in Atlantic History: Maritime Communities and Marine Ecology in the Northwest Atlantic, 1500 1800,” *American Historical Review* 113, no.1 (February, 2008): 19-47.

* 19 世纪初拉丁美洲独立战争中，西蒙 · 玻利瓦尔创建并领导的联合委内瑞拉和新格拉纳达的国家，名为“哥伦比亚共和国”。其地域包括今委内瑞拉、哥伦比亚、厄瓜多尔、巴拿马以及哥斯达黎加、秘鲁、巴西、圭亚那的小部分。1819 年年底成立，1831 年解体。——译者注

** 该地区相当于现在美国西北部地区和加拿大的西南部地区，主要包括阿拉斯加州东南部、不列颠哥伦比亚省、华盛顿州、俄勒冈州、爱达荷州、蒙大拿州西部、加利福尼亚州北部和内华达州北部。——译者注

〔2〕 Morten Jerven, “An Unlevel Playing Field: National Income Estimates and Reciprocal Comparison in Global Economic History,” *Journal of Global History* 7 (2012): 107-128.此处提到的其他文章与上文均刊发于同一期。

个世纪。第一批巧克力大订单是由在美洲生活过的富商巨贾与天主教神职人员订购的。烟草的故事则更为复杂,因为欧洲的很多政府力图对其进行管制,甚至垄断。一俟加勒比海地区到处栽培烟草,整个欧洲大西洋沿岸国家的走私犯、私掠者与承运商就开始争先恐后地抢收烟草,几乎与此同时发生的就是去培养这些国家对烟草消费的偏好。不久,烟草的消费扩及中东、非洲、印度、中国与日本。[1]

066 经过文化融合,烟草与巧克力的消费传播到了欧洲。殖民征服并没有立即带来这两种物品贸易量的增加;通过改变消费偏好,后者才成为可能,而这些消费偏好的改变受到印第安人的影响。至于巧克力,特别受到印第安妇女的影响。正如诺顿所言,这些研究结果的重要意义大大超出近代早期巧克力与烟草所及的世界,因为巧克力为咖啡铺平了道路,而这二者连同茶导致对蔗糖的需求;而对巧克力瓷壶的需求造成对中国茶杯的模仿,诸如此类,不一而足。与蔗糖伴生的是种植园与奴隶制。想要购买奴隶,欧洲人就需要印度的纺织品与马尔代夫的子安贝壳(cowry shells),因为这两样物件是非洲商人所青睐的。简言之,对巧克力与烟草的消费偏好是通过16世纪在美洲的、个别的西班牙人的家庭发展而来的;而这种消费偏好则助推了早期最为强劲的一波全球化浪潮。这波浪潮带来翻天覆地的经济变革,但要更好地理解这股力量唯有通过关注地方的文化模式及其不断的变迁:即征服者与被征服者之间的社会性别关系与种族关系、西班牙社会以及其他欧洲社会内部的阶级区隔以及人们感受消费偏好变迁的方式。

在近代早期(1500—1800年)的全球化研究中,自下而上的视角被证明是卓有成效的。造船业与航海业的进步使得欧洲人能够进行环球旅行,接触到遥远的不同民族,并且同他们建立了各种持久的联系,这一过程中往往会使用野蛮的武力与持续的强制手段。即便贸易与军事冲突发生在全球范围内,但

[1] Marcy Norton, *Sacred Gifts, Profane Pleasures: A History of Tobacco and Chocolate in the Atlantic World* (Ithaca, NY: Cornell University Press, 2010).

由于路途遥遥,这种交流十分费时,往往长达数月之久。书信往来与手稿通信 067
被证明是基本的信息渠道,内容主要涉及价格、商业合同与货币汇率。因此,它们就成为这种全球化运作方式无比珍贵的历史证据。近代早期全球化的强度相对较低,这就特别有利于对研究进行考证。假设一位研究人员能够确定电子邮件——而且还不包括打电话或机场会议室里的会议——是当下全球化最主要的交流方式,你才能理解近年来全球商业中数以10亿计的电子邮件交流,而近代早期的书信往来却不曾带有这种不确定性。

对17世纪和18世纪西班牙系犹太人与波斯系亚美尼亚人的研究已经注意到其各自的全球贸易网络,它们形成于欧洲征服者与欧洲大型商业公司所控制商路的鞭长莫及之处。弗兰切斯卡·特里韦拉托(Francesca Trivellato)运用一家在意大利里窝那(Livorno)营业的西班牙系犹太人家族企业的13,000多封往来书信,查探出一张惊人的地中海珊瑚与印度钻石的全球贸易网。塞布·阿斯拉尼扬(Sebouh Aslanian)研究了焦勒法地区亚美尼亚人(Julfan Armenians)的速递系统(the courier system)。该系统使得焦勒法地区的商人能够在印度洋、地中海、西北欧与俄罗斯等地区进行贸易。其范围之广,这在当时来说是不可思议的。特里韦拉托与阿斯拉尼扬展示了贸易对精妙的跨文化交易、家族成员远往他乡的意愿以及通信往来的依赖程度;而这种贸易的路途之遥远往往是无法想象的。各种流散社会诸如犹太人和亚美尼亚人,也
包括南亚人、华人以及非洲人(更不用说苏格兰人了),这些群体特别引人注 068
目,因为在他们的行李包裹中承载了,而且现在依然承载着全球化。他们风餐露宿,建立了许多新联络点,并与旧联络点交织在一起,完全是从无到有,当时依靠一封信、一宗买卖、一种联系而筚路蓝缕地构筑起了全球化。[1]

---

[1] Francesca Trivellato, *The Familiarity of Strangers: The Sephardic Diaspora, Livorno, and Cross-Cultural Trade in the Early Modern Period* (New Haven, CT: Yale University Press, 2009); Sebouh David Aslanian, *From the Indian Ocean to the Mediterranean: The Global Trade Networks of Armenian Merchants from New Julfa* (Berkeley: University of California Press, 2011); Claude Markovits, *The Global World of Indian Merchants, 1750–1947: Traders of Sind from Bukhara to Panama* (Cambridge, UK: Cambridge University Press, 2000).关于苏格兰人,可参看一项引人入胜的家族研究:Emma Rothschild, *The Inner Life of Empires: An Eighteenth-Century History* (Princeton, NJ: Princeton University Press, 2011)。

自下而上的视角使得对全球化范式进行实质性的修正成为可能。经济创新不再被认为是全球化所固有的基本内容,甚至是在很多以贸易为目标的事例中亦如此。很明显,其他因素——消费偏好的变化、个人交流、家庭纽带、文化水平、宗教观念——促成了全球经济贸易的达成。而且,民族国家往往不一定就是与之密切相关的比较单位,而将民族国家作为密切相关的比较单位这种假设之所以往往能够成立,主要是因为在现代,绝大多数的经济统计数据都是由民族国家来收集的。

鸵鸟羽毛的例子——19 世纪末 20 世纪初时髦女帽的装饰物——特别具有启示意义。讲意第绪语的立陶宛系犹太人(Yiddish-speaking Lithuanian Jews),为了寻求经济与社会机会,从沙俄帝国迁往南部非洲。他们在鸵鸟羽毛的贸易中充当了中间商这一关键角色。他们将鸵鸟羽毛卖给伦敦的犹太羽毛商人。一些伦敦的西班牙系犹太人家族企业购买的鸵鸟羽毛则是从预期前往的黎波里(Tripoli)以及其他北非城市的横跨撒哈拉沙漠的商队那里获得的。还有一些鸵鸟羽毛则来自亚丁(Aden),那里是由也门系犹太人控制着该项贸易。研究该贸易的拓荒性史学家萨拉·斯坦(Sarah Stein)解释道:在很大程度上它被束之高阁,是因为它落入了"尚未理论化的经济史与文化史的
069 罅隙里"。唯有按照各种供需的地方路线图才能索骥,而不是通过审核驳杂的国家档案或者是一两个民族之档案,而且,该贸易之兴衰取决于,一如所有商品,文化模式之变迁;至于此事例,则取决于女性服饰之变迁。[1]

全球化研究中一些最为引人入胜的研究要么聚焦特定的商品,如巧克力、烟草、钻石、黄金、布匹、红木(mohogany)、茶叶以及鸵鸟羽毛,要么关注族群网络,如犹太人、亚美尼亚人以及南亚人。这一点绝非偶然。唯有通过追踪商品及其网络——交易的商品与交易人——才能真正理解全球化之运作。如果说去疆域化(deterritorialization)与全球化是如影随形的话,那是因为跨越疆域的商品与人员,不仅仅是从某一界限明确之地到另一界限明确之地(从一国

[1] Sarah Abrevaya Stein, *Plumes: Ostrich Feathers, Jews, and a Lost World of Global Commerce* (New Haven, CT: Yale University Press, 2008), p.7.

前往他国)，而且是创造了诸多新的空隙(interstitial spaces)，例如商队、护贸队(trade convoys)、挥之不去的海盗与走私者、奴隶贸易与银行。国际交往中的各种新机制，例如货币兑换与信用状，势必会被创造出来以缝补那些空隙。简言之，去疆域化与全球化是借助各种看不见的机制或程序的运作而不是仅靠意气用事得以实现的；它们的发生起源于人们的行为与交往。

这种自下而上的研究有力地回击了全球化是现代化之别名的观念，即通过西方价值观念的传播、汲取与植入，进而实现世界的同质化而已。近代早期以降，全球化就是得众多源头之滋润而成长起来的：经商于伊朗、阿富汗和俄罗斯治下的中亚地区的印度商人；在印度、中国、菲律宾、俄罗斯、地中海地区 070
(包括奥斯曼帝国)以及西北欧从事贸易活动的焦勒法地区的亚美尼亚人；往来于跨撒哈拉沙漠贸易线路上不断供应着黄金、食盐、皮革、奴隶、手抄本的书籍(manuscript books)乃至宗教的穆斯林；许多在中亚商队路线中的某一段从事工作的人们以及将印度的布匹多次经手后转运到非洲和欧洲的商人——以及刚才提及的一些近代早期的事例。[1]

尽管欧洲人开始侵占这些贸易路线中的一部分，而非全部，但即便是在欧洲人涉入的区域，许多事例表明：当地人还是能够找到新途径以便延续其老做法或者是探索出新路线。西方并非凭借一己之力实现了世界的全球化；全世界敢于冒险、勇于进取的人们共同促成了他们各自不同场域之间的更大程度上的相互联系与休戚与共。既然全球化并非西方单独创造之结果，那么就必须修正全球化范式以便考虑到那些多重的起源与发展过程。全球化与现代化根本就不是一回事儿；全球化意味着休戚与共(一种双向的关系)，而不仅仅是对西方价值观念的汲取(一种单向的过程)。非西方的历史与学者对理解这一共同构筑的全球化进程来说是至关重要的。

运用这种自下而上的、更加真切的全球视角，才有可能去回击那些全球化

---

[1] Markovits, *Global World of Indian Merchants*; Aslanian, *Indian Ocean to the Mediterranean*; Graziano Krätli and Ghislaine Lydon, eds., *The Trans-Saharan Book Trade: Manuscript Culture, Arabic Literacy and Intellectual History in Muslim Africa* (Leiden: Brill, 2011); Giorgio Riello and Tirthankar Roy, eds., *How India Clothed the World: The World of South Asian Textiles, 1500–1850* (Leiden: Brill, 2009).

讨论中的一些假命题。正如全球化有别于西方化，那么全球化的史学研究意味着各种带有欧洲中心主义的发展模式将来要居于主导地位也就大可不必
071 了。现代科学与现代历史学科或许滥觞于西方，但科学与历史本质上并非西方所独有。西方地缘政治上的主导地位使得西方的科学与某种程度上的历史具有了主导地位，但随着权力关系的变迁，科学与历史也会随之变更。在一项关于21世纪知识的全球生产的研究中，英国皇家学会(British Royal Society)发现1999—2003年与2004—2008年这两个时间段，全球出版物中美国作者所占的份额从公认高水平的26%跌至21%；而同期内的中国则从4%升至10%，从原先的第六名升至第二名，超过了日本、英国、德国和法国。在如此短的时间内，其上升幅度之大可谓成绩斐然，如果将来没有发生重大变故的话，其前景将一如既往地光明。[1]

诸多普世的概念——如全球化——就其本性而言不是西方的，因为它们是属于全世界的。瓦尔特·米尼奥洛(Walter Mignolo)就是反对持任何普世主义立场的人士之一，因为这种普世主义的立场无异于西方文明霸权的重申。他拥护"多样性，作为一种对普世性的替代方案，当与打着正义、公平、人权以及认识论意义上多样性的旗号之全球化发生星球式(世界性)冲突之时，它能够提供各种可能与变通"。这些见解因其反欧洲中心主义，可能会备受赞许，但米尼奥洛未能解释正义、公平、人权与认识论意义上的多样性获得了什么样的授权。难道它们本身不全是普世主张吗？甚至不全是多样性主张吗？同许多全球化的其他批评者一样，米尼奥洛也假定其是一个铁板一块的整体。[2]

072 研究人员努力摆脱当今美国政治霸权或欧洲中心主义的影响并不会像某些人所暗示的那样，会造成对所有形式的社会科学或历史研究的排斥。我们不能因为大多数的社会科学学科(历史学、社会学、经济学、人类学)最早形成

[1] *Knowledge, Networks and Nations: Global Scientific Collaboration in the Twenty-First Century* (London: Royal Society, 2011), esp. p.17.这些数字主要是基于科学、技术、医学、社会科学、艺术与人文科学方面同行评议的文献资料(peer-reviewed literature)。

[2] Walter D. Mignolo, "The Geopolitics of Knowledge and the Colonial Difference," *South Atlantic Quarterly* 101, no.1 (2002): 57-96, quotes from pp.49, 90.

于欧洲，而后向外传播到包括美国在内的其他地方，就由此认定这些领域里以大学为基地的研究本质上就是“西方的”。即便是在迪佩什·查克拉巴蒂批评“‘历史’之话语是由大学这一机构所制造的”之时，他依然全面参与大学的研究议程。不过在此种背景下，这意味着要对大学的研究议程进行批判性的写作。过去，西方史学家与社会理论家的确把欧洲当作发展的试金石，用其与非西方文化做了不公正的比较。例如，直到最近他们也未能理解：史学写作的多样性可见于非西方文化之中。而这正是关于近代早期全球化的新颖研究之成功所在，即展示了生活在欧洲以外的或欧洲商业空隙之中的人们，诸如犹太人，是如何共同勾勒了一幅全球化的世界图景的。[1]

把全球化的形成作为一个分析范畴，从一种文化理论的角度进行研究，这方面的成果蔚为可观。“全球化”何以在苏联解体之后才成为一种普遍的术语？而且，何以假定全球化主要就是去疆域化的资本主义市场之士如此众多？在回答此类当代问题之时，从更为长远的角度审视全球化注定会硕果累累。关于近代早期全球化起源的研究已经取得了显著的成果，但不仅要更加一如既往地研究该领域，而且也要研究全球化的各种不同类型。印度教、佛教、基督教以及伊斯兰教都在全球化的进程中发挥了重要的作用，至少它们对全球化的影响同资本主义与全球商业一样历史悠久。然而，最近的研究成果关注的是全球化对宗教产生的影响，而不是宗教对全球化产生的影响。不同宗教之间的相互联系与彼此依存并不完全是通过贸易或军事征服而建立起来的。尽管宗教有时与贸易或军事征服相伴随，但正如佛教向东南亚、中亚和东亚的传播所显示的，它大多时候并非如此。这些历史将会表明宗教、军事征服、贸易与政治往往会错综缠绕在一起，此时某个因素，彼时另外一个因素会发挥主

[1] 关于对西方式研究与分析的一种拒斥，可参看 Ashis Nandy，“History's Forgotten Doubles，” *History and Theory* 34，no.2（Theme Issue 34：World Historians and Their Critics）（May，1995）：44-66。关于假设的欧洲中心主义的要素部分，参看下述鸿篇巨制：Jack Goody，*The Theft of History*（New York：Cambridge University Press，2006）.Dipesh Chakrabarty，*Provincializing Europe：Postcolonial Thought and Historical Difference*（Princeton，NJ：Princeton University Press，2001），p.41。关于史学的多样性，可参看 Velcheru Narayana Rao et al.，*Textures of Time：Writing History in South India*（Ann Arbor，MI：Other Press，2003）。

要的影响。[1]

同样,19 世纪和 20 世纪的民族主义的全球扩散,更不消说其地方诉求,是完全不能,甚或是根本不能用经济发展来解释的。最近几十年里民族主义的研究,通过导入文化研究的路径得以复兴。贝内迪克特·安德森(Benedict Anderson)指明了一条研究路径,即以民族主义为一种“想象共同体”。而“想象共同体”就是人们不归属于某个直系亲属群体,而是一种新式的深度归属感(deep attachment)。安德森把民族主义的兴起与“印刷资本主义”联系在一起,正是“印刷资本主义”促进了一个使用口语的大众读者群体的形成,进而打破了宗教共同体的圣典之权威。阅读的传播,尤其是以小说与新闻的形式,反过来创造了一种新的世俗情感联系,它使人们认识到了彼此之间更为广泛的亲缘关系。例如,阅读报纸时,一个人知道其他人同时也正在看该报纸,而这种长期的共时性感知就构成一个新式的、想象的民族共同体之基石。尽管安德森显然是想要将这些发展与更为广泛的资本主义成长联系在一起,但他重点强调文化要素;如其所释,他主张:“民族性(nation-ness)连同民族主义都是一种特定的文化产物(cultural artifacts)。”[2]

其他学者虽然承认安德森对其研究方法的影响,但他们将这种文化的论争推进得更为深远。例如,阿尔贝托·马里奥·班蒂在其关于意大利民族主义的一系列开创性的著作中,明确地向经济与社会因素的至上地位发出挑战,强调情感反应(emotional responses)* 对爱国主义表达的作用。这种情感反应在小说、历史、绘画与歌曲中均可发现(易言之,这些方面已经超出安德森的

〔1〕 关于全球化这一术语的分析,参看 Geoff Eley,“Historicizing the Global, Politicizing Capital: Giving the Present a Name,” *History Workshop Journal* 63 (Spring, 2007): 154-188。桑贾伊·苏布拉马尼亚姆对埃利(Eley)的一些看法给予回应:Sanjay Subrahmanyam,“Historicizing the Global, or Labouring for Invention?,” *History Workshop Journal* 64, no.1 (2007): 329-334。关于全球化对宗教的影响,参看 Renato Ortiz,“Notes on Religion and Globalization,” *Nepantla: Views from South* 4, no.3 (2003): 423-448。关于佛教部分,参看 Brian Peter Harvey, *An Introduction to Buddhism: Teachings, History, and Practices* (Cambridge, UK: Cambridge University Press, 1990), esp.pp.139-169。

〔2〕 Benedict Anderson, *Imagined Communities: Reflections on the Origin and Spread of Nationalism*, rev.ed.(1983; London: Verso, 1999), p.4.

* 也可译为“情绪”。——译者注

小说与新闻的范围)。来自不同社会、政治、宗教与地区背景的人们都使用同一种民族主义的爱国言语。这种爱国言语是由不断重复的形象与价值观构成的,如亲属关系(kinship)、牺牲以及爱、荣誉与美德三部曲。这些观念早已有之,但它们与民族国家联系在一起却是新事物。班蒂强调对戏剧、诗歌与绘画的情感反应而非理性反应,以便解释对民族主义及其持久性与影响力的反应深度。它甚至能够吸引那些不能阅读的人,他们是一国(如意大利)人口中重要的组成部分。[1]

民族主义是有利于还是有碍于全球化呢?它似乎二者兼而有之。自1776年英属北美殖民地起义迄今,民族国家迅速扩展为一种全球形式,而那些民族起义正在引起它们理应得到的关注。只是到了现在,学者们才从跨国或区域聚落(transnational or regional clusters)的角度去研究以下这些争取独立的起义所具有的强大的全球性影响,即19世纪20年代(拉丁美洲)、1918—1919年期间(中欧)、1947年至60年代(非殖民化)以及1990—1991年(苏联的加盟共和国)争取独立的起义。而且,这种独立运动的终结,即便在当下高度全球化的时代里,依然遥遥无期;与此同时,十分吊诡的是,这种独立运动似乎不断朝着更小的单位运动:在2012年赢得独立的东帝汶(East Timor),其领土面积为15,000平方千米,比2006年获得独立的黑山共和国(Montenegro)要略微大一些,仅比美国50个州中的特拉华和罗得岛(Delaware and Rhode Island)大一点。世界作为一个整体的相互联系与相互依赖只会鼓励一些人归属于更小规模的政治单位的念头,而不是归属于更大规模的政治单位。民族主义与全球化之间的许多联系仍有待进一步探索,而因果律之箭并不总是从全球化飞向民族主义。[2]

075

文学为从文化的角度重新框定全球化提供了另外一种前景。帕斯卡莱·

[1] 参看专题讨论"Alberto Banti's Interpretation of Risorgimento Nationalism: A Debate," *Nations and Nationalism* 15 (July, 2009): 396-460。

[2] 关于19世纪20年代全球化的意义,参看Adam McKeown, "Periodizing Globalization," *History Workshop Journal* 63 (Spring, 2007): 218-230。关于当前民族主义与全球化的关系,参看Mary Kaldor, "Nationalism and Globalisation," *Nations and Nationalism* 10 (2004): 161-177。她强调二者(民族主义与全球化——译者注)的关系是双向的,即民族主义的新形式将影响全球化将要采取的各种形式。

卡萨诺瓦(Pascale Casanova)在其"文字的世界共和国(world republic of letters)"的叙述中,更喜欢讨论"国际化(internationalization)"。她给"国际化"下的定义"恰恰是通常人们做中立化理解的'全球化'这一术语的对立物"。关于"全球化"这一术语,她讨厌这种归纳方式,即它"意味着把世界政治与经济体系视为一种单一的、放之四海而皆准的模式",诸如现代化。她提出世界
076 文学空间(world literary space)的概念,以回击大多数痴迷于特定民族文学,如德国文学、法国文学、美国文学以及中国文化的文咏之士。她指出:该世界文化空间有"其自身的法则、其自身的历史、其特定的反叛与革命",但其组织运作的中心在巴黎。巴黎的文学权威地位最早是在16世纪反对盛行的意大利人文主义与罗马教廷的影响中确立起来的。历经数个世纪,巴黎的这种特殊地位使得那些来自巴黎、具有主导地位的协会或团体的作家能够获得国际声誉。由此,通过在巴黎出版发行作品,爱尔兰作家詹姆斯·乔伊斯(James Joyce)、捷克的犹太作家弗朗茨·卡夫卡(Franz Kafka),甚至还有来自美国南方的作家威廉·福克纳(William Faulkner)的成名都受益于这个主流文化圈。他们在这一文化圈中茁壮成长,进而赢得全球文学的一席之地。该世界文学空间使得他们免于特定民族国家的羁绊。[1]

尽管卡萨诺瓦提及其研究方法受到布罗代尔与法国社会学家皮埃尔·布尔迪厄(Pierre Bourdieu)的重大影响,但她始终强调文学"资本"不以经济与政治为转移的相对自主性。它不仅无关乎,也不会亦步亦趋于地缘政治的进展。简言之,卡萨诺瓦所规划的这一研究路径体现了一幅截然不同的全球化进程的图景。这幅图景中,文化"资本"起着重要且时而带有悖论性质的作用。巴黎之所以在16世纪会成为文学的世界之都,并不是因为它具有某种主导世界的权力,而且直至20世纪,它始终维系着其文学与思想的地位,尽管法
077 国在二战中被德国击败,随之丧失了许多殖民地。经济的统治地位并不必然

[1] Pascale Casanova, *The World Republic of Letters*, trans. M. B. DeBevoise (Cambridge, MA: Harvard University Press, 2005), p.40.这些思想经由帕斯卡莱·卡萨诺瓦下面的这篇文章得到进一步的阐发,参看 Pascale Casanova, "Literature as a World," *New Left Review* 31 (January-February, 2005): 71-90, quote from p.72。

转化为其他形式的优越地位。[1]

多元化的研究路径凸显了许多以往受到忽视的全球化的重要方面。不过,它们依然在一个利益攸关的方面存在着短板,即它们需要提供一种连贯的全球化替代范式。自下而上研究路径的拥护者已经含蓄地指出当前将全球化视为一种自上而下的宏观经济进程的范式之缺陷。不过,他们迄今仍然没能提供一种替代方案。然而,与前文中讨论过的文化理论家不同,史学家运用各种自下而上的路径去研究全球化,并不讳言各种因果律问题,甚或所谓的宏观问题。例如,他们问道:为什么一些商品的确能够刺激消费者的新需求?再有,为什么一些团体或地方能够在建立全球化网络中扮演超凡卓绝的角色?他们并没有去探究在现代化的征程中为什么一些民族国家成功了,而另外一些民族国家却失败了,而是提出了一个更好的问题:世界各地的不同民族并非都采取民族国家这样的身份认同方式,他们是何以助力全球化的市场、宗教、政治与文化的?既然这些多元化的研究路径已经展示其累累硕果,那么,其他的学者,甚或是那些在该领域已经取得开拓性研究成果的学者就将能够从这些结果中去粗取精,归纳出更高水平的有关全球化进程及其不断变迁的原理。[2]

---

[1] 有关更具跨国研究理念的全球电影文化的研究,可参看 Vanessa R.Schwartz, *It's So French! Hollywood, Paris, and the Making of Cosmopolitan Film Culture* (Chicago: University of Chicago Press, 2007)。

[2] 特里韦拉托(Trivellato)在其杰作《熟悉的陌生人》(*The Familiarity of Strangers*)结尾处指明她目前所做研究之局限与有待进一步挖掘之处:"我已经表明我们既没把这些现象视为一种超历史的循环(meta-historical recurrences),也没有将其视为独有的群体内部成员间团结一致的奇迹,也不将其当作各种原初资本主义类型的遗留物,而是将其视为各种复杂的组织,昭示了社会经济变迁的多元进程,进而由此验证了市场在改造近代早期社会中所发挥的作用与存在的局限性。"(第 278 页)

078 第三章　反思社会与自我

全球化并非我们打算探讨的唯一问题。我们还要考虑:史学写作的两个基本范畴——社会与自我——正在经历着脱胎换骨的历程。不幸的是,尽管社会与自我是任何历史分析的两个基本范畴,但史学家们往往忽略这种对话。因为它们是撰写任何世俗历史的前提,故称其为基本范畴。然而,鉴于史学家认为这种基本性质是理所当然的,因而浅尝辄止。我们认为:尽管我们知晓什么是社会与自我,却没有产生对其进行精确定义的紧迫性。[1] *

二战结束以来,四大史学研究范式——现代化、马克思主义、年鉴学派和身份认同政治——都假定:社会,即社会环境纵然不是完全决定了,至少也是塑造了自我与身份认同。然而,它们同时也假定:一旦个人理解了社会运行的
079 方式,他们就能够以知践行,改造社会。信奉现代化的治国者将会致力于发展经济,信奉马克思主义的工人则会制造革命,而弱势族群则会要求机会平等。但是,完全被社会力量所左右的个人又是如何能够如此自觉地行事的呢?这个人类主观能动性的经典问题依然悬而未决,因为人们并没有对自我与社会的相互关系进行深入探究。

四大范式当中,虽然布罗代尔很少注意到自觉进行变革的前景,而且大多数年鉴学派的史学家同样强调社会经济因素的压倒性影响,但唯有年鉴学派

---

〔1〕 对这类对话的忽略情况也有例外,但即便有例外,也仅仅是对社会进行些许的反思,而未能将其与自我联系起来。例如,可参看 Patrick Joyce, ed., *The Social in Question: New Bearings in History and the Social Sciences* (London: Routledge, 2002); Jean Terrier, *Visions of the Social: Society as Political Project in France, 1750-1950* (Leiden: Brill, 2011)。

* 如果考察 19 世纪末 20 世纪初的历史,甚至是自达尔文的《人类的由来及性选择》问世以来,社会科学对社会与自我问题都已有较深入的探讨,只不过这种情况在史学领域大多被忽略了。——译者注

在这方面是一个例外。不过,尽管该学派的两位创始人布洛克与费夫尔始终都关注心理史,但相比之下,布洛克的研究工作与集体心理学保持着密切的关系;而费夫尔则走得更远,他敦促史学家要融当代心理学于他们的历史研究之中。像路德(Luther)和拉伯雷(Rabelais)* 一样毕生关注个人的费夫尔意识到:为了解释变迁,就必须礼遇自我,将它纳入其中。稍后我在本章中会继续讨论费夫尔。

第一章中所考察的诸文化理论挑战了赋予社会制约(social conditioning)** 优先地位的做法,但其结果适得其反。文化研究与后现代理论为文化的相对自主性辩护,但结果往往是赋予文化、语言或话语更多的决定性权力,进而实际上抹杀了个人以知践行的能力。在这方面福柯的演绎尤为令人无所适从。在他看来,知识并不能产生真理或权力;反倒是权力产生了知识和真 080
理,而且没有人可以逃避那种真理体制。权力/知识/真理的体制的确发生了诸多变迁,但这些变迁并不是通过任何人有意为之而促成的;福柯经常提及18世纪末是一个转型时期,但他从来没有解释这种转型为什么会在那个时候发生。它恰好就在那个时候发生了。[1]

如果根据文化理论中的语言、话语或文化的意义来理解,那么,社会就会吞噬自我。各种对自我的文化批判从一股极具影响力的西方哲学暗潮中汲取营养;该暗潮强调自我的诸多困境、不确定性与矛盾之处。它得益于思想家德尼·狄德罗(Denis Diderot)、弗里德里希·尼采(Friedrich Nietzsche)与西格蒙德·弗洛伊德(Sigmund Freud)的多元发展,而福柯、德里达以及其他后现代主义者则通过对自我的真实存在或者至少是对伸张自我的质疑而将其提到一

* 路德即马丁·路德(Martin Luther,1483—1546),16世纪欧洲宗教改革的倡导者之一,基督教新教路德宗创始人;拉伯雷即弗朗索瓦·拉伯雷(François Rabelais,约1494—1553),文艺复兴时期法国著名的人文主义学者、作家、教育思想家。——译者注

** 社会制约是指培养社会中的个人依照整个社会与社会中同年龄段的人群所认同的方式行事的社会过程。社会制约意味着先天与后天辩论中的环境与个人经历。整个社会与同年龄段的人群所确立的规范会对社会体制内的个人的行为产生形塑影响。参看 http://en.wikipedia.org/wiki/Social_conditioning,2015年2月8日检索。——译者注

[1] 福柯在写性史时声称:“就在同一个时期——18世纪末——其各种原因有待查明,出现了全新的性技术。”Michel Foucault, *The History of Sexuality*, vol.1: *An Introduction*, trans. Robert Hurley (New York: Pantheon Books, 1978), p.116。

个新高度。例如,福柯坚持认为:个人并不能对抗权力,因为“个人是一种权力的结果”,而不是权力之外的某种事物。[1]

关于社会-自我关系的各种新观念正在彰显出一种可遇而不可求的相互作用之会合。全球化关注不断变换的时空体验何以改变社会关系以及与之相关的自我与他人的观念。对非西方的诸多研究促使人们不再迷信西方观念中关于自我与社会以及二者关系的普世性。神经科学与认知心理学正在构拟自我、思想、行为与社会互动的诸多新模式。本章力图集上述诸领域之精要,以便呈现各种可供选择的社会与自我的思维方式。不过,唯有搞清楚以往各种
081 观念所具有的权势,这些观念之间的关联才会水清月明。鉴于社会这一观念在 17 世纪和 18 世纪成为新的关切点(new pertinence),并与世俗化进程紧密交织在一起,因此,社会应该是合乎逻辑的起点。

1987 年,玛格丽特·撒切尔接受英国的通俗杂志《妇女界》(*Woman's Own*)采访时说:根本就不存在“社会这回事”。她在其回忆录中设法为这一富有争议的评论做了补充性的解释:“个体的男男女女是存在的,而且家庭(families)也是存在的。”撒切尔之所以得出这些论断,是因为社会是一种思想抽象物。当然,她有意回避了一个事实,即这个特定的思想抽象物至少早已成为西方国家的通识。她之所以如此为之,是因为她正承传着绵延两个世纪之久的论争中的保守主义的政治立场。那一论争形成了各种针锋相对的阵营:强调独立自主的个人权利者与强调社会之善者;亚当·斯密(Adam Smith)的支持者与让-雅克·卢梭(Jean-Jacques Rousseau)的信徒;自由主义的皈依者与社会主义的拥护者,不一而足。就那种意义来讲,社会是一个沉重的话语,而且她对此洞若观火。[2]

在 17 世纪和 18 世纪以前,“社会”指个人之间的一种关联、协作、联合或

---

[1] Michel Foucault and Colin Gordon, *Power/Knowledge: Selected Interviews and Other Writings, 1972–1977* (New York: Pantheon Books, 1980), p.98. 关于这一理路的导引可参看 Charles Taylor, *Sources of the Self: The Making of the Modern Identity* (Cambridge, MA: Harvard University Press, 1989); Jerrold Seigel, *The Idea of the Self: Thought and Experience in Western Europe since the Seventeenth Century* (Cambridge, UK: Cambridge University Press, 2005)。

[2] Eric J. Evans, *Thatcher and Thatcherism*, 2nd ed. (London: Routledge, 2004), p.137.

伙伴关系。圣徒能够在神秘的基督之身体中发现社会;大贵族可以在一种武装团伙(a society of arms)中同国王联合起来,而且如果在战斗中你获得足够多的战友之帮助,那么你就拥有一种同仇敌忾的情谊(a society)。在 18 世纪的启蒙运动期间,社会逐渐成为有别于国家与宗教的独特存在。它就是完整的共同体而非其中的某一部分;简言之,社会逐渐被视为围绕普通法、共同的 *082*
习惯或制度而构筑起来的世俗民族国家组织。《牛津英语词典》(*Oxford English Dictionary*)中“社会的(social)”所有含义都与某种制度或机制相关,指等级或地位,或有关自 18 世纪中叶或稍后用以构建人类社会(the constitution of human society)的一种理论。相应地,1762 年以前法国的各种词典里都没有任何有关形容词“social(e)(社会的)”的定义。[1]*

1765 年狄德罗与让·勒龙·达朗贝尔(Jean Le Rond d' Alembert)主编的著名的《百科全书》(*Encyclopédie*)捕获了“社会的”这层新含义:“新近引入到语言中的一个词,用来指代一个男人的各种品质,以有益于社会,适于男人间的商业往来。”这里至关重要的是对男人之间商业往来的强调。“社会”与“社会的”现在专指独立于宗教关切的世俗生活。它们将表示世俗秩序。[2]

词语“社会”与“社会的”语义之变迁不仅反映了一种深层的世俗化进程;它们也是争取世俗化进程中的武器。《百科全书》在另一处给“哲学家”一词下了一个定义,重复了最早出现在 1743 年的一个匿名小册子中的说法:“可以说,公民社会就是他(指哲学家——译者注)的现世神(divinity)。”这一表述带有极强的物质主义精神(strong stuff)。无疑这是那个匿名发表的原创小册子与《百科全书》本身总是被执政当局找麻烦的原因之一。即便这一定义强调

---

[1] 我得出的这些结论主要是根据《牛津英语词典》和通过线上美国与法国法语库研究工程(ARTFL Project)而查阅的各种各样的法国词典。在这一问题上给予莫大帮助的是 Keith Michael Baker,“Enlightenment and the Institution of Society:Notes for a Conceptual History,” in Sudipta Kaviraj and Sunil Khilnani, eds.,*Civil Society:History and Possibilities* (Cambridge,UK:Cambridge University Press,2001),pp.84-104。

* ARTFL Project 的全称是 The Project for American and French Research on the Treasury of the French Language,该工程建立于 1982 年,是法国政府与美国芝加哥大学合作的产物。作为一个合营机构,它向其会员提供北美最大的数字化法国资源的数据库。——译者注

[2] 该引文引自 *Encyclopédie*,vol.15,p.251,参看线上美国与法国法语库研究工程:http://artflsrv02.uchicago.edu/cgi-bin/extras/encpageturn.pl? V15/ENC_15-251.jpeg (consulted August 7,2013)。

社会只是哲学家的一位现世神，但在这种语境中使用“神”这个词语必定会引来天怒人怨。最近似现世神的难道不是国王吗？难道不是什么是神圣与什么不是神圣的上帝之主要解释者的牧师吗？成神封圣的怎么会是社会呢？[1]

083 由此，随着时间的推移和作为反复冲突的结果，此种社会含义之基础或框架逐渐得以确立。人们不再说或者很少会说，某些事情的发生乃是因为上帝的意志，而会说，必须考察其自然或社会原因。例如，不平等不再被认为是上帝赋予的、传统的或正当的内在于事物的本质之中；需要给予其一种社会性阐释，如卢梭在《论人类不平等的起源和基础》(*Discourse on the Origin and Foundations of Inequality among Men*，1755)所做的解释。宗教沦为终极参照系(the ultimate frame of reference)，而社会与社会性(the social)之鸠占了以往宗教之巢。

启蒙运动的作家通常并不想将这种立场发挥到极致，进而得出唯物主义与无神论。继续依照一种更加清醒的理路，《百科全书》词条中给哲学家的定义是“[哲学家]以其正直、恪尽职守与甘于奉献，向[公民]社会焚香膜拜，对它尊崇备至”。尽管启蒙运动的信徒大加挞伐社会现状，但他们希望被认为是高风亮节之士(men of honor and probity)，而不是寡廉鲜耻的无神论者与唯物主义者。启蒙运动时期的社会可以被视为一位现世的神祇，但在现世对其崇拜并不会导致道德的崩溃。“因而，哲学家成为受人景仰之士，他经常依照理性而行，融反省而正确之心智、入世之生活方式与友善之品质于一身。”[2]

只是到了20世纪初涂尔干从社会的角度分析了宗教本身，作为意义体系(the framework of meaning)的社会取代宗教的全部逻辑结果才得以呈现出来。社会学之父在《宗教生活的基本形式》(*The Elementary Forms of the Religious*

---

[1] 关于“哲学家(philosophe)”一词的定义在 *Encyclopédie*，vol.12，p.510，参看 http://artflsrv02.uchicago.edu/cgi-bin/extras/encpageturn.pl? V15/ENC_15-251.jpeg (consulted August 7，2013)。关于1743年匿名小册子的讨论，参看 Margaret Jacob，“The Clandestine Universe of Early Eighteenth Century，” December 6，2001，available at http://www.pierre-marteau.com/c/jacob/clandestine.html (consulted August 7，2013)。

[2] *Encyclopédie*，vol.12，p.510，at http://artflsrv02.uchicago.edu/cgi-bin/extras/encpageturn.pl? V15/ENC_15-251.jpeg (consulted August 7，2013).

Life,1912)中宣布:“神与社会是一回事,是同一事物。”社会创造了诸神(而不 084
是相反)因为社会“对各个心智施加影响而使其感知到神,进而拥有唤醒各个心智所需要的一切事物”。法国大革命为涂尔干的“社会具有自封为神或造神的这种天资”提供了栩栩如生的范例。尽管法国大革命中对上帝之崇拜(the Cult of the Supreme Being)与对理性之崇拜仅仅是昙花一现,但这种昙花一现却印证了上述道理。所有的宗教只不过是社会的内在逻辑之表达。[1]

18 世纪的思想家一定不会接受涂尔干将上帝同化到社会当中的做法(而且,毋庸讳言,当时的普通人也不会认可的)。社会植根于人类的需求与欲望并不必然使得超自然现象成为累赘。卢梭,同许多其他人一样为宗教的必要性辩护。在其《爱弥儿》(*Emile*,1762)一书中的“一个萨瓦省牧师的信仰自白(Profession of Faith of the Savoyard Vicar)”*部分,他设计了一个例子,为一种基督教的自然神论(Christianized deism)辩护。即便卢梭为宗教辩护,但我们依然看到社会是如何一步一步地被确立为意义之基石;宗教则需要不断地依照其社会功用来证明其存在的理由。由此,我们就不必费力去找寻涂尔干的最终结论,以便知晓将意义归因于社会性所产生的威力。

西方的世俗化进程与社会自身的建构之信念是联袂而行的,而不论是通过一种社会契约,抑或是其他方式来建构社会本身。由此,意义渐而内在于社会关系之中,而且是经由社会纽带自身之创建,而不是起源于一种超自然的、至高无上之神力。不过,世俗化进程并不必然连带对宗教之剪灭。相反,它导
致对宗教信仰的区隔化(compartmentalization)。在一个世俗化的社会里,宗教 085
被贬黜至私人领域、个人或家庭选择的领域。信徒可以信奉他们的宗教真理是绝对的,但在一个世俗社会里,他们不必——至少原则上——去强迫他人保

---

[1] Émile Durkheim, *Les formes élémentaires de la vie religieuse. Le système totémique en Australie*, 5th ed. (Paris: Les Presses universitaires de France, 1968), quotes from pp.203, 209.

* 一说应该翻译为“萨瓦副本堂神父”,因为当时的萨瓦是天主教教区,故不适合使用新教中的“牧师”这一称谓。参看 http://tieba.baidu.com/p/2120697483,2015 年 2 月 12 日检索。——译者注

持同样的信仰。[1]

社会不仅仅是一种思想的抽象物;它也是一种鲜活的参与分享通则、约束与可能之体验。尽管此意义上的社会通常自18世纪以来就是一直存在,但它并不总以一种省察或概念化的对象这一方式出现。例如,“社会科学”这个术语最早出现于1789年的法国,即法国大革命初起之时。处在以个人及家庭为一方同以国家为另一方的夹缝中,作为一种新空间的社会逐渐被创造出来;这些新空间经常被称为“公民社会”。[2]

17世纪后期与18世纪出现的各种新式自愿联合的组织使得公民社会的架构变得有血有肉,棱角分明。一位来自中东的犹太企业主于1650年在伦敦开了一家咖啡馆以后,各种咖啡馆便如雨后春笋般涌现出来。到1663年,仅伦敦就有82家咖啡馆,而到1700年则不少于500家。这些咖啡馆大多打着异域风情(咖啡来自中东)牌,招牌中使用“突厥人(Turk)”“黑人”“萨拉森人(Saracen)”“苏丹(Sultan)”“士麦那(Smyrna)”或“非洲”的字眼。随着咖啡馆和咖啡厅横跨欧洲自西向东铺开,各种新颖的社会形式也流行开来:日报与期刊、共济会会所(Freemason lodges)、沙龙、公共音乐会与艺术展览、地方性学术团体、辩论学会、读书协会(reading societies),以及政治俱乐部。这些自
086 愿联合组织的数量成倍增长,人们眼界大开,去做许多他们家乡与教区范围以外的事务。[3]

社会性的空间(the space of the social)越是密集,就会有更多的人对其进行评论与写作。启蒙运动的思想家开启了社会的思想系统化进程。例如,苏格兰的道德哲学家亚当·弗格森(Adam Ferguson)和约翰·米勒(John Millar)撰写了公民社会的发展史,将其兴起与人类从野蛮走向以“近代欧洲诸民族

[1] 世俗化是一个十分恢宏的主题,研究人多专注于西方基督教及其发展的脉络。例如,可参看 Marcel Gauchet, *The Disenchantment of the World*, trans. Oscar Burge (Princeton, NJ: Princeton University Press, 1997)。

[2] Robert Wokler, "Saint-Simon and the Passage from Political to Social Science," in Anthony Robin Pagden, ed., *The Languages of Political Theory in Early-Modern Europe* (Cambridge, UK: Cambridge University Press, 1990), pp.325–338.

[3] Charles John Sommerville, *The News Revolution in England: Cultural Dynamics of Daily Information* (New York: Oxford University Press, 1996), p.77.

国家”为代表的文明历程联系在一起。作为西方现代性之标志与民治政府的必然先驱,公民社会进入一个璀璨夺目却又备受争议的阶段,进入 20 世纪 80 年代以来,更是履行着代表各种联合起来反对专制国家(repressive states)的团体之职责。[1]

伴随着 19 世纪西方国家的工业化与城市化进程,公民社会需要更加专一化(specificity)。政治不再是过去公民社会与统治者之间的对阵厮杀,而是现在的公民社会内部不同团体之间的竞争,以便控制经由他们代表而得以正当化的民族国家之政府。相应地,在 19 世纪,作为一种社会差别(social distinction)范畴的阶级出现了。“社会问题”——对日益增长的社会分工的恐惧——引起了小说家[奥诺雷·德·巴尔扎克(Honoré de Balzac)在 1846 年使用了该术语]与改革家的极度关注。有着门户之别、学科林立的各门社会科学逐渐形成。

根据英国马克思主义者兼文化批评家雷蒙德·威廉斯(Raymond Williams)的说法,“社会意义上的**阶级**之现代结构”只是到了 18 世纪末才开始逐步建立。“上层阶级(higher classes)”与“中间阶级、中产阶级(middle and middling classes)”在 18 世纪 90 年代才首度出现。“工人阶级”则出现于 1815 年,“阶级意识(class consciousness)”甚至更晚。至于社会科学,例如“社会学(sociology)”1842 年首次出现在英语中,是参考了法国哲学家奥古斯特·孔德(Auguste Comte)的著作,他在 1830 年出版的《实证哲学教程》(*Cours de philosophie positive*)中一再使用该词。“社会主义”出现于 19 世纪 30 年代中叶。19 世纪末,大学里的社会学系首度在美国,然后相继在法国和德国建立。简言之,社会与社会性之术语学与经验走过了一段漫长的分化过程(process of

[1] 关于米勒使用的“近代欧洲诸民族国家”这一术语,可参看 John Millar, *Observations concerning the Origin of the Distinction of the Ranks in Society*, 2nd ed. (London: J. Murray, 1773), p.298。关于公民社会部分,参看 Sudipta Kaviraj and Sunil Khilnani, eds., *Civil Society: History and Possibilities* (Cambridge, UK: Cambridge University Press, 2001)。

differentiation)。[1]

社会变得日益显赫的全部历史并非寥寥数语即可穷尽,此处讲述的这段历史仅择其荦荦大端者。既然社会性是意义之基石的观念有其自身的历史,因此,它就不是一个普世的或永恒的真理。它实际上是一个西方独有的真理,与17世纪后期依赖自然科学与代议制政府的兴起有着千丝万缕的联系。艾萨克·牛顿(Isaac Newton)及其前辈的诸多发现给予18世纪启蒙运动思想家信心,相信科学可以应用于社会与社会关系。18世纪受过教育的西欧人与英属北美殖民地人民日益确信:政府应该是公民社会的代言人。

19世纪和20世纪马克思、韦伯、涂尔干、弗洛伊德和福柯的社会理论经久不衰之影响证实了该观念之威力。不过,他们对社会性的运作方式莫衷一是,言人人殊,而且后继的理论家往往将他们的立场建基于对其前辈的驳斥之上。对马克思来说,关键是生产方式的变迁;韦伯关注的是地位;而对涂尔干
088 来说,重要的是社会职能(social roles)的日益专业化。对弗洛伊德来说,社会性通过对个人精神之压抑得以实现,而在福柯看来,话语体制(discursive regimes)*构筑了社会世界。尽管存在着这些根本性的分歧,但他们都相信社会性是意义之根基。[2]

社会这一概念并没有因为搞清楚人类行为之意义而失去其威力。一如自然科学,连同其实验室、大学里的系、研究中心以及同行评议的期刊,世界各国仍对其竞相仿效;在西方发展起来的人文社会科学对世界其他国家的知识文化(cultures of knowledge)也发挥着巨大影响。德里大学的学位课程安排与上海大学(Shanghai University)的院系列表(the list of schools)看起来与牛津大

〔1〕 Raymond Williams, *Culture and Society, 1780–1950* (first published 1958; New York: Columbia University Press, 1983), p.xv.关于社会学,参看《牛津英语词典》http://www.oed.com/view/Entry/183792? redirectedFrom=sociology#eid (consulted September 13, 2012)。雅克·吉约穆(Jacques Guilhaumou)将"社会学(sociologie)"这一术语的发明者追溯至1789年法国大革命前后的西哀士神父(Abbé Sieyès)。"Sieyès et le non-ditde la sociologie: dumot à la chose," *Revue d' histoire des sciences humaines, Naissance de la science sociale (1750–1850)*, 15 (2006): 117–134.

* 也可翻译为"话语机制"或"论述政制"。——译者注

〔2〕 有关社会这一概念的诸多历史,可参看 Brian C.J.Singer, *Society, Theory and the French Revolution: Studies in the Revolutionary Imaginary* (New York: Macmillan, 1986); Terrier, *Visions of the Social*。

学(Oxford University)和比萨大学相应的部分大同小异。这种相似性或许有助于推动全球化,但它并不是一种对全球化效应的简单确认。各大学之间的相似性并不是因为不同形式的资本主义之要求使然。资本的去疆域化连同大学在一些国家中本来运作得很好,甚至可能更好;而在另一些国家则并非如此。印度人、中国人以及其他民族业已建立了西方式大学,因为他们明白西方的知识文化与19世纪西方国家所确立的技术、军事与经济优势是密不可分的。而且,知识文化对经济有着某种影响力;如今,世界银行(World Bank)明白无误地提出:知识是今日世界"发展的关键引擎"。但今日之"知识经济(knowledge economies)"既是文化的,也是经济的。[1]

在我们的时代里,社会性所具有的经久不衰的解释力不应使我们对以下 089
事实视而不见:它有其力所不逮之处,并非总是能够发挥效力,也并非适用于所有人,而且或许不再能够继续发挥这种解释力。由此,全球化乘虚而入。纵然其本质与时机有待进一步的讨论,但全球化之功在于它挑战了我们关于时空以及社会的最根本性假定。社会之正常运作有赖于时空之规划布局(the regulation of space and time)。我们考量在朝廷上哪些人可以坐在路易十四(Louis XIV)身边的繁文缛节也好,思考一个当代也门码头工人生活的起居作息(the temporal and spatial organization)也好,显然,构筑任何社会秩序的关键要素在于时间律动与空间布局。至于全球化,它不仅变换了时空之体验,也影响了社会关系以及与其相关的社会这个观念之体验。如果社会依照1968年《国际社会科学百科全书》(*International Encyclopedia of the Social Sciences*)给出的定义的话,即"一个以内部组织、领土、文化特性以及生殖能力(sexual recruitment)为主要特征的相对独立的或自给自足的人群",那么,全球化要么将

---

[1] World Bank, *Building Knowledge Economies: Advanced Strategies for Development* (Washington, DC: World Bank Publications, 2007), p.23.关于知识经济的文献资料不断快速增加,可谓一日千里。例如,可参看John H.Dunning, ed., *Regions, Globalization, and the Knowledge-Based Economy* (Oxford, UK: Oxford University Press, 2000)。

会抹杀社会，要么至少表明一种对社会运作方式之全新理解乃是当务之急。[1]

作为社会关系框架与社会状况框架的社会，往往可与民族国家等量齐观。社会科学家会说法国社会、巴西社会或越南社会。他们研究一国内部不同群体或阶级间的利害冲突、工资差距或者寿命长短，而且，如果他们考察权力斗争，就会假定权力寓于各种地方、地区或全国的制度规约之中。然而，与全球化相伴的社会泰然稳坐于民族国家疆域之内的日子一去不复返了，如果这样
090 的时代还有的话，那也是陈年往事了。例如，美国的工资差距既取决于国际上的工资差距，也有赖于国内的社会冲突。墨西哥的权力并不仅仅取决于墨西哥选民，它也受到越境而来的毒品、武器与人员之潮流的影响。简言之，社会不再简单地等同于民族国家，因为各种社会关系已经超越了民族国家的藩篱。[2]

当今，有关作为一种范畴的社会之问题纷纷重现，但并没有如撒切尔之所愿，非但没有减缓其重要的程度，反而表明该概念远未尘埃落定。社会之疆界有待进一步讨论，不仅要探讨它们与其民族国家重合的问题，而且还要探究人类社会与自然之疆界的问题以及人类与非人类（nonhumans）之疆界的问题。非人类既指动物，也包括无生命的物体。在 17 世纪和 18 世纪，社会被概念化为一种自治空间，声称拥有绝对的神圣权威，可免于宗教与统治者之律令。社会代表一种全然不同的正当性（legitimacy）。这种正当性与人类的内在本性及由此发展而来的各种制度有关，而与诸多超验的或超自然力量无涉。相应地，18—20 世纪有关社会的讨论形式往往围绕着人类本性及其逻辑结果（human nature and the consequences），因为人类本性的变迁发生于社会组织之中。这些辩论当前已经呈现出不同的形式，特别是在下述情形中：即从一个更长的时段去审视人类而且将其视为一个更为宽广世界中的选手，而不是当作这个世界的主人。

---

[1] David Harvey, *The Condition of Postmodernity: An Enquiry into the Origins of Cultural Change* (Cambridge, MA: Basil Blackwell, 1989), esp.p.247.1968 年社会的定义转引自 Peter Wagner, "'An Entire New Object of Consciousness, of Volition, of Thought': The Coming into Being and (Almost) Passing Away of 'Society' as a Scientific Object," in Lorraine Daston, ed., *Biographies of Scientific Objects* (Chicago: University of Chicago Press, 2000), pp.132-157, quote from p.150。

[2] John Urry, *Sociology beyond Societies: Mobilities for the Twenty-First Century* (London: Routledge, 2000).

当从一种更为深远的进化历程的角度来审视时,回溯到数百万年前,有文 091
字的历史远未出现,人类本性本身是以不同方式呈现的。尽管当代进化生物学家和人类学家之间对这种长远视角的重要性尚存争议,但至少历史学家或许会提醒我们:不仅要注意人类均起源于非洲,而且也要意识到人类与其他动物在血缘关系上也拥有着共同的起源。

如果我们更加关注生物学与文化之间的相互关系,而不是将其视为各自都完全拥有着独立的逻辑,那么我们的社会观将会更加一针见血。史学家丹尼尔·斯梅尔(Daniel Smail)主张一种"新神经史(new neurohistory)",将生物学与文化学的研究方法融汇起来,去考量深度的人类史,进而对史学家习以为常的一些预设进行重新思考。运用这种深远的视角,他表明我们或许能够避免长期以来形成的一些对黑非洲(black Africa)的偏见,这种偏见一度鼓舞了形形色色文明最早形成于白人之中东的说法。斯梅尔不仅力图让史学家关注各种进化的说法,也希望他们考量文化与历史是如何修正这些说法的。达尔文认为:社会本能(the social instinct)是人类与动物身上的一种进化特性,通过自然选择得以形成。然而,我们依然要问这种社会本能(the instinct for the social)何以不断变化,甚至是在距离我们这个时代不太久远的数个世纪里。例如,尽管身体对各种刺激的反应,诸如愤怒或恐惧,已经接入大脑当中,但引发身体反应的相应刺激物会因历史文化而有所不同。[1]

如果我们考量了人类为从动物中分化出来所做的种种努力的历史,那么
我们的社会观也可能会有所改善。那些本能是如何在时空中不断变换的呢? 092
史学家哈丽雅特·里特沃(Harriet Ritvo)在关于英国人动物观的开拓性著作中,开篇就举了一个扣人心弦的例子:1679年,伦敦一个妇女因与其爱犬交合(bestiality)被处以绞刑。1906年美国语言学家兼史学家爱德华·佩森·埃文斯(Edward Payson Evans)发表的杰出著作,讲述了西欧历史长河中对形形色色的昆虫与动物的刑事诉讼与死刑判决。这些案例大多集中爆发于15世纪

〔1〕 Daniel Lord Smail, *On Deep History and the Brain* (Berkeley: University of California Press, 2008).关于达尔文与社会本能部分,可参看 Darrin M.McMahon, *Happiness: A History* (New York: Atlantic Monthly Press, 2006), p.417。

和16世纪,处死了大量致儿童死亡的猪。律师受命要为那些破坏庄稼的老鼠以及摧毁葡萄园的昆虫辩护。律师为动物与昆虫的权利进行了大量冗长的辩护,因为根据《圣经·创世记》的说法,它们是先于男人而被创造的。如果上帝命令它们要滋生繁多,那么在它们的辩护人看来,它们将其居所建筑在人类的庄稼或葡萄树上,那恰恰是在行使其正当权利(legitimate rights)。[1]

埃文斯为此类法律诉讼的终结而欢呼雀跃,将其视为一种对幼稚地惩罚非理性动物的胜利;不过,正如里特沃所主张的,此类业务活动的终结有其更加令人不安的含义:动物已经沦为其人类主人之财产,而且它们现在完全拜倒在人类面前。它们可能成为爱抚的对象,而且在19世纪建立了很多保护它们的协会,使其免于受虐待。然而,动物失却了其自身的主动行为能力。动物参与人类社会构建就失去了任何意义。[2]

093 这种举世皆知的动物观,即将其视为人类予取予求的对象,现在开始被质疑。旨在维护泛灵长类动物权利的泛类人猿计划组织(Great Ape Project)起草了《泛类人猿世界宣言》("World Declaration on Great Apes")。该宣言明确指出:所有人类、黑猩猩(chimpanzees)、倭黑猩猩(bonobos)、大猩猩(gorillas)以及猩猩(orangutans)都应该享有生存权(the right to life)、个体自由权与免受酷刑的权利(the prohibition of torture)。对动物与人类基因组的研究已经表明人类与黑猩猩和倭黑猩猩的99%的DNA(脱氧核糖核酸)是相同的。特别有必要指出的是:尽管该研究的动力往往来自证实人类之独特性的愿望,但到头来则大多是以强调基因的相似性与差异性同等重要而告终。[3]

---

〔1〕 Harriet Ritvo, *The Animal Estate: The English and Other Creatures in the Victorian Age* (Cambridge, MA: Harvard University Press, 1987).

〔2〕 Edward Payson Evans, *The Criminal Prosecution and Capital Punishment of Animals* (London: W. Heinemann, 1906), p.186; Linda Kalof and Brigitte Resl, eds., *A Cultural History of Animals*, 6 vols. (Oxford, UK: Berg, 2007); Harriet Ritvo, "Humans and Humanists," *Daedalus* (Summer, 2009): 68–78.

〔3〕 《灵长类动物世界宣言》("World Declaration on Primates")可参看 http://www.projetogap.org.br/en/world-declaration-on-great-primates/ (consulted November 10, 2013); Chimpanzee Sequencing and Analysis Consortium, "Initial Sequence of the Chimpanzee Genome and Comparison with the Human Genome," *Nature* 437, no.7055 (September 1, 2005): 69–87; Kay Prüfer et al., "The Bonobo Genome Compared with the Chimpanzee and Human Genomes," *Nature* (June 13, 2012), http://www.nature.com/nature/journal/vaop/ncurrent/full/ nature11128.html (consulted August 15, 2013)。

一如人类不是权利的唯一拥有者，社会或许也不是完全由人类构建的。到底是人类驯化了狗，还是狗驯化了人类？对西伯利亚(Siberia)的种种研究表明：新石器时代早期(公元前5000年左右)的猎人-采集者(hunter-gatherers)在其墓地中偶尔会埋葬许多狗，把食物分享给它们，而且可能也会与它们共同工作。狗很可能在猎人-采集者的宇宙观中发挥着十分重要的作用。不管怎么说，显然这些人认为至少某些狗可以像人一样被同等对待。[1]

关于动物的各种问题与环境史提出的许多问题是密不可分的。自然环境不仅是我们人类对其施加作用的对象；它也与我们朝夕相处、休戚与共。我们既重塑环境，也依赖环境；不过日益明显的是，我们也“亏欠”了环境，即我们与其有着一种社会关系。环境并非惰性的，有待人类干预以便赋予其意义的无形之物。正如德国史学家多萝特·布兰茨(Dorothee Brantz)所言，环境史学 094
家很快就承认：自然是由文化构筑的(即自然是一个文化范畴，而不是一个自然范畴)，但他们“似乎极不愿进行反向思考，换言之，自然也会影响文化与社会生活的构建”。布兰茨竭力主张史学家要与空间、场所、景观(landscape)和环境这些概念保持更加紧密的接触。例如，就连城市、美轮美奂的人造物也都与自然进程是完全密不可分的。城市需要水、空气以及适于居住的绿色空间。她将空间视为自然与文化之间的一种概念性联结(conceptual link)，因为空间同时既是自然的，也是社会文化的。它也为超越文化理论家所强调的话语提供了良机。文化理论可能注重有关空间的话语，而环境史学家则分析其实际用途、为人类与自然之间所提供的临界区域(interface)以及自然反馈的方式(the ways nature talks back)。[2]

我们忽略了自然世界置我们于危难之地的能力。当卡特里娜飓风(Hurricane Katrina)在2005年8月袭击美国新奥尔良市(New Orleans)之时，风暴

---

[1] Robert J.Losey et al.,“Canids as Persons: Early Neolithic Dog and Wolf Burials, Cis-Baikal, Siberia,” *Journal of Anthropological Archaeology* 30, no.2 (June, 2011): 174–189; Donna J.Haraway, *When Species Meet* (Minneapolis: University of Minnesota Press, 2007).

[2] Dorothee Brantz,“The Natural Space of Modernity: A Transat-lantic Perspective on (Urban) Environmental History,” in Ursula Lehmkuhl and Hermann Wellenreuther, eds., *Historians and Nature: Comparative Approaches to Environmental History* (Oxford, UK: Berg, 2007), pp.195–225. See also Haraway, *When Species Meet*.

潮冲毁了人造大堤,城市的80%陷入汪洋之中。公共舆论对该事件大为震惊,与其说是因为震惊于生命之丧失(大约死了1500人,远远低于诸如发生在中国或伊朗的许多大地震中的死亡人数),还不如说是惊诧于人类在保护该城市方面的无能为力。保护新奥尔良周边湿地退化方面的失败是否加剧了此次自然灾害的破坏程度?一个多世纪以前,美国陆军工兵队(U.S.Army Corps of Engineers)负责建造的这些防洪堤,是否使用了不准确的数据或过时的技术?事实证明:人类不能仅凭一时之念任意操控自然。

095 不论气候变化是否要为卡特里娜之暴怒负责,但气候变化问题显得日益迫在眉睫。迪佩什·查克拉巴蒂认为:气候变化危及历史之根基,它拥有着中断过去、现在与未来之连续性的潜在能力。气候变化消减了自然史与人类史之间由来已久的隔阂,甚至动摇了环境史学家的一些核心假设。而这些环境史学家是力图重新连通自然史与人类史的开路先锋。尤为重要的是,气候变化挑战了这一假设,即人类是最为重要的生物战剂。例如,单单其身上的微生物就拥有强大的影响。伴随着哥伦布大交流,那些微生物也进入新世界,由此造成人口的大量死亡。如今,人类也必须将自己视为地质战剂,拥有着毁灭地球环境的能力。查克拉巴蒂号召要响应斯梅尔所提出的那种深度的历史视角,进而理解这种威胁。人们必须将自己视为物种而思考和行动,然而实际上让人们感受到自身也是物种一分子是难于上青天的。气候变化的潜在灾难将会促发人们的物种身份认同吗?而这对我们的社会性观念与经验来说又意味着什么?最起码历史学家必须承认:人类(包括社会性)与自然之边界的互通性大大超出人们以前的想象。[1]

人类与他们所创造的物体间的边界同样也遭到质疑。计算机与芯片已经使这种边界变得似乎更趋不稳定。人们可以让计算机像人类一样思考,而人类的头脑日益被视为一个信息处理器。人们已经能够把芯片植入动物与人类
096 的身体当中,用来储存知识;各种人造装置也可以植入人体以替代身体器官

〔1〕 Dipesh Chakrabarty, "The Climate of History: Four Theses," *Critical Inquiry* 35 (Winter, 2009): 197–222; Dipesh Chakrabarty, "Postcolonial Studies and the Challenge of Climate Change," *New Literary History* 43, no. 1 (2012): 1-18.

（髋关节、膝盖、眼内晶状体）。这些使得人们可以展望，芯片有朝一日可能会使瘫子走路等。在一些评论家看来，这些进展将会导致人类主观能动性（human agency）的丧失殆尽。姑且莫论这些看法是否危言耸听，但显而易见的是：移植带来种种个人之本质乃至人类身份认同的问题。[1]

人类与其创造物之间的关系往往会有许多意想不到的结果。时钟首先于15世纪和16世纪在公共空间流行，到了18世纪，家用时钟（domestic clocks）和手表流行起来。它们使得社会生活本身经历了一场缓慢的革命。时间里充斥着各种事件；系统的时间计算为日常生活所必需；钟表上的数字与识数变得日益重要，进而形成一种新的时间通识。时间越精确，则社会性密度（social density）越大。时钟促成各种新的认知形式，绝非其发明者最初所能预想到的。一言以蔽之，时钟改变了人类存在的本质。这些人造物不仅仅受到创造它们的人类之操控；它们反过来也影响着其创造者。[2]

如果说社会性之边界有待进一步探讨，无疑此类问题连同社会性阐释（social explanation）之局限问题正在提上议事日程。鉴于社会性是意义之基的理念自近代才兴起，且最早滥觞于西方，那么史学家应该如何对待那些近代以前的人们与世界其他地方的人们呢？他们并没有分享这种假设。史学家不能视他们为传统的、落后的或原始的而一笔带过。在这方面最大的难题是宗教，因为西方的社会自治（the autonomy of society）与社会性阐释本身既产生于 097
教权的冲突和教会的冲突，还产生于王权与神权的联系（the link between throne and altar）。的确，作为范畴的"宗教"同样也产生于此类冲突之中。美国宗教研究院（American Academy of Religion）院长威尔弗雷德·坎特韦尔·史密斯（Wilfred Cantwell Smith）在1983年的院长致辞中犀利地指出"'宗教'是一个世俗主义者的观念，是那种特定世界观中的一种概念性元素"，而且，这种宗教观因假定宗教是一种附加物，不过是社会身份中的另一个元素而已，

〔1〕 N. Katherine Hayles, *How We Became Posthuman: Virtual Bodies in Cybernetics, Literature, and Informatics* (Chicago: University of Chicago Press, 1999).

〔2〕 Paul Glennie and Nigel Thrift, *Shaping the Day: A History of Timekeeping in England and Wales 1300–1800* (Oxford, UK: Oxford University Press, 2009).

进而“歪曲了它所力图阐明的事物”。史密斯并不满足于主张不同意义体系的不可比较性(the incommensurability of frameworks of meaning),也不满足于反对把宗教简单地等同于社会因素;他进一步指出,“现代世俗主义是一个错误的思想”,必须将其推翻,以便尽最大可能更加深入地理解“超验(transcendence)”。不过,将史密斯关于作为一个西方范畴的宗教之洞见与其所提出的解决办法区别对待还是有可能做得到的。[1]

这正是查克拉巴蒂等后殖民主义学者所孜孜以求的。查克拉巴蒂承认:宗教诉求(religious claims)与“可理解的(即世俗的)事业[understandable (that is, secular) causes]”之间的某种转化是“不可避免的”,但他依然力图向此种转化行为或在此我所称的“社会性阐释”施加压力。他问道:“照此精神,我们应该如何行事才能将各种五彩缤纷与魅力四射的有形可见之世界转化为普世而又祛魅的社会学语言?”我们无法克服不同意义体系的不可比较性。诚然,我们应该谨记这种不可比较性。但与此同时我们也应该承认:即便我们能够将社会性阐释的持久力最大化,但社会性阐释依然无法回避其种种局限。随
098 着关注宗教史的史学家日趋增多,这些棘手问题是无法回避的。根据美国历史学会的说法,尽管宗教与文化史在很多方面不无共通之处,但宗教的风头在2009年依然盖过了文化史,而成为该年史学家最感兴趣的研究主题。[2]

关于社会与社会性阐释之边界的百家争鸣汇聚起来,并不能形成一套简洁的关于社会的新思维。关于社会乃至时空再现的所有预设均已引来质疑不断。而现代的历史学科仰赖明确无误且又独具特色的时空再现。史学家所使用的地图依赖各种现代西方的视觉抽象形式,包括鸟瞰[a bird's-eye (or

〔1〕 Wilfred Cantwell Smith, “American Academy of Religion, Annual Meeting 1983: The Presidential Address. The Modern West in the History of Religion,” *Journal of the American Academy of Religion* 52, no. 1 (March, 1984): 3-18, quotes from pp. 9, 10.

〔2〕 Dipesh Chakrabarty, *Provincializing Europe: Postcolonial Thought and Historical Difference* (Princeton, NJ: Princeton University Press, 2000), quote from p. 89. 有关美国史学家们感兴趣的研究主题,参看 Robert Townsend, “A New Found Religion: The Field Surges among AHA Members,” *Perspectives on History* (December, 2009), available at http://www.historians.org/perspectives/issues/2009/0912/0912new3.cfm (consulted September 14, 2012)。因为研究的领域十分广博,所以宗教与文化史尽管分列第一和第二,但所占的比例并不算高(宗教为 7.7%,文化史为 7.5%)。

God' s-eye) view],即在其中,从任何一个角度都可以一览无余。西方通行的历史分期将时间分为史前时代、古代、中世纪与近代("modern"含有中文"近代、现代与当代"的意思。——译者注)能否将这些形式用于其他文化仍有待讨论;同样,他们可能会把这些隐蔽的局限或失真之处强加于当代史学写作之中也是需要讨论的。简言之,现在必须彻底重建社会之概念。[1]

如果说社会之意义与边界正在遭受质疑,那么自我会冒什么样的风险呢?几十年以来在社会-自我的赛场上,自我一直被刻画成比较弱小的搭档。自我往往并不被认为是一种社会状况(social conditions)的不由自主的副产品,因为个人自主(individual autonomy)的理想与实践同社会之观念与新的社会性实践都是在18世纪里同时出现的。亚当·斯密和卢梭或许都会以各自的
方式关注到社会与自我之间的张力,但如果没有截然相反的两极同时在场的 099
话,这一讨论本来也就不会发生了。

在18世纪,社会、作为个体的自我与世俗化是紧密交织在一起的。社会是可以不受专断的统治者之律令约束的自治或自由空间,而这些统治者都声称拥有一种先验的正当性根基。这样一种社会概念与一系列实践的出现意味着一种向以往先验的正当性根基的挑战,不管是君权神授的形式还是《圣经》中父权与王权之间的联系。换句话说,对社会的日益关注弱化了各种权威的超自然根基,推动了世俗化进程。社会进行了自我授权。尽管并非总是完美无瑕、功勋卓著,但它尚能自行调节。

在整个18世纪里,社会逐渐被视为由个人组成,而不是由家庭、贵族、以教士为主体的等级集团(status group)或各行各业的行会构成。相应地,政府也逐渐被认为是许多个人,尤其是个体财产所有者的代表,而不是等级集团的代表。由此,1789年法国大革命的首要问题就是三级会议(the Estates-General)应该依照等级(即教士、贵族、第三等级),还是按"人头"(代表个人)来投票。结果,后者胜出。法国应该由个体的公民组成,而不是拥有不同特权

[1] 关于地图部分,参看 Paul Rodaway, *Sensuous Geographies: Body, Sense, and Place* (London: Routledge, 1994), esp.pp.133-142.Lynn Hunt, *Measuring Time, Making History* (Budapest: Central European University, 2008)。

的等级集团。简言之,仅仅社会摆脱威权统治而获得自治是不够的;个人也要尽可能地摆脱来自其家庭与社群的压力而获得自主。

在18世纪形形色色的革命中,自然权利或"人权(the rights of man)"这样
100 的术语之所以能够出场是因为对个人自主(individual autonomy)与政府根基世俗化的新关切。人与生俱来就拥有这些权利,而政府的正当性(governmental legitimacy)取决于对人权的保护。及至19世纪末,涂尔干辩称:在一个不断世俗化的社会里,人权日益成为公民宗教(the civic religion)。不过,社会需求与个人权利之间的关系一直以来就问题不断。时至今日,依然如故。[1]

即便在20世纪里(为了长话短说)人权作为一种政治、经济与道德学说变得日益显赫,但十分吊诡的是,社会性在许多思想领域中力压个体的自我。实践理性连同哲学理性都在削弱自我方面不遗余力。例如,女权主义者与种族理论家确信:社会与文化因素塑造了个人行为与身份认同,因为他们力图反驳支持性别或种族差别的生物学[自然的或所谓的本质主义(essentialist)]解释。妇女之所以屈从于男人不是她们的本质使然,乃是因为她们缺乏教育、缺少足够的机会、同工不同酬——简言之,乃是一种社会与文化秩序所造就的各种偏见所致。同理,白人之所以拥有高于黑人的权力,不是他们出众的种族特征使然。拥有政治与文化权力的白人,通过支持种族主义,声称他们具有命中注定的统治地位。如果说性别与种族都是话语造就的(即社会建构的)范畴,那么它们也是历史的,是可以改变的。与此同时,个人的身份认同与行动却一
101 猛子扎进社会与文化决定论的池塘之中。个人看似无法抵御社会控制。[2]

自主的自我与社会联袂出现于18世纪,现在它则有被社会全面压制之虞。琼·斯科特的立场很具有代表性,这不仅是因为它拥有如此广泛的影响,也是因为它以明白无误的方式申明了理由:"我们需要关注各种历史进程,通过话语定位主体,并生产主体之经验。拥有经验的不是诸多个体,而是借助经

---

〔1〕 Paul de Gaudemar, "Le concept de socialisation dans la sociologie de l' éducation chez Durkheim," in W.S.F. Pickering, ed., *Emile Durkheim: Critical Assessments of Leading Sociologists* (London: Taylor & Francis, 2001), pp.396–403.

〔2〕 最近,有关这些看法的罗列,参看 Charles Zastrow and Karen K.Kirst-Ashman, *Understanding Human Behavior and the Social Environment*, 8th ed. (Belmont, CA: Cengage Learning, 2010)。

验而构成的主体。”与福柯所见略同，并非来自内部的自我塑造了社会性，而且，斯科特强调，史学家、社会学家以及文学批评家都努力把他们的研究奠基于未经检验的、作为个体的自我之经验诉求，到头来，反倒便利而不是消解了社会建构的这些效应。他们不经意间重新制造了这一主宰性的意识形态。由此，她认为结论只可能有一个：“话语构成了主体，而经验只不过是一个语言事件。”[1]

与那些据说很少或者干脆不关注自我是什么的大多数当代史学家相比，斯科特至少严肃认真地看待了主体性（subjectivity）或内在性（interiority）的问题。不过，实际上史学家反感自我话题的这种状况最近已有所改观。社会理论，甚至是社会史的奠基者对心理与社会的联动表现出极大兴趣。涂尔干、韦伯以及年鉴学派创始人吕西安·费夫尔等社会史学家都相信：社会分析既要考虑社会因素，也要考虑心理因素。1940 年前后，费夫尔与德国社会学家诺贝特·埃利亚斯（Norbert Elias）* 分别勾勒了极具影响力但又截然不同的心理社会史的分析模式。

在 20 世纪 30 年代的流亡生活中，埃利亚斯依然笔耕不辍。他孜孜以求， 102
破天荒地将弗洛伊德的洞见同社会学观点和历史观点糅合在一起。在《文明的进程》（*The Civilizing Process*，1939）一书中，他通过追溯礼貌（manners）的历程，向人们展示了一部自我的历史。埃利亚斯主张：一种自足的个体观念——用一堵有形之墙将其与他人隔开——只是到了 14 世纪才逐渐形成的。光阴荏苒，随着羞耻之门槛不断降低，克己（self-control）则与日俱增。用手擤鼻子、用手从一个公盆里拿东西吃以及与一个陌生人同床共眠日益变得令人恶心或者至少是令人不悦的。情感宣泄以及争强好胜（aggressive behavior）在社会上日益不被接受。礼貌上的这些变迁标志着一个自我封闭的个体（self-enclosed individual）的到来，其拥有在社会交往中必须尊重的各种边界。在 1968

---

[1] Joan Scott, "The Evidence of Experience," *Critical Inquiry* 17 (1991): quotes from pp.779, 793.

* Elias 是 Elijah 的变体，《圣经》中的先知以利亚。鉴于国内已有该作者著作的中译本，故没有将 Elias 翻译为“以利亚”。参看诺贝特·埃利亚斯：《文明的进程：文明的社会发生和心理发生的研究》，王佩莉、袁志英译，上海：上海译文出版社，2013 年。——译者注

年所增补的新序中，埃利亚斯证实：他力图展示个体情感的控制与社会结构（例如，现代化）的不断分化和整合之间的长期关联。[1]

埃利亚斯关于情感表达成长的叙述将中世纪作为起点，并把该时期描绘成情感表达的婴儿期。他认为：那时的人们表达情感的方式更加强烈而直接，因此他们的行为举止的观念里更少复杂微妙的心理因素。顶礼膜拜、愧疚无比、喜乐无常（sudden outbursts of joy and hilarity）、好勇斗狠（boastful belligerence）以及残忍成性（a taste for cruelty）会同时出现于埃利亚斯所明确界定为"幼稚的（childish）"情感与行为方式当中。埃利亚斯对中世纪的贬抑描述暴露了发展历程心理学（developmental historical psychology）的一个消极方面：他
103 力图阐述个人与更为广泛的文化或社会发展之间的相似性；而这种做法诱导学者把文化或社会发展的初始阶段归类为婴儿的、幼稚的或乳臭未干的阶段。在历史化精神分析的洞见或心理学的洞见方面，这依然是最为紧迫的问题之一。[2]

如果说社会心理史的另一个重要模式不是反对精神分析的，那么，它至少也是对精神分析不持立场的（non-psychoanalytic）。1941 年，费夫尔倡导感情（sensibility）研究，即研究情感及其表达或他所称的情感生活（la vie affective）。费夫尔始终认为：情感既有个体心理因素，也有社会因素；而史学家能够从对心理学家更加细致的解读中获益匪浅。鉴于他视情感为社会生活之根本，所以他建议其史学同人去考察爱、死亡、欢乐与残忍的历史。不过，考虑到具有返祖倾向的暴民行为之潜能，他也认为情感本身存在着极为深刻的问题。在他看来，法西斯主义在他所生活时代的兴起将这一点淋漓尽致地体现了出来。尽管着墨不多，但与埃利亚斯一样，费夫尔也提出了一个情感成长的模式（developmental schema），这或许也是一部"持久不衰的人戏（longlasting drama）"："运用理性活动不温不火地抑制情感活动。"费夫尔深受儿童心理学

---

[1] Norbert Elias, *The Civilizing Process: The Development of Manners*, trans. Edmund Jephcott (original German edition, 1939; New York: Urizen Books, 1978).

[2] See ibid., esp. p.201. 对埃利亚斯的中世纪观的一针见血之批评，参看 Barbara H. Rosenwein, "Worrying about Emotions in History," *American Historical Review* 107, no.3 (June, 2002): 821–845。

家亨利·瓦隆(Henri Wallon)的影响。后者认为:儿童成长过程中会经历一系列情感与理性彼此冲突的阶段,最终理性战胜情感。不过,瓦隆并不认为个人成长是一个完全线性的过程;而且,无论如何,他强调情感是主体间性(intersubjectivity)(诸思维之间的共享)之基,预示了当代认知运作方式研究中的基本要素。[1]

很少有史学家会留意到埃利亚斯和费夫尔所提出的诸多挑战。年鉴学派
重点关注"心态史(history of mentalities)"中社会这一面。它并不特别青睐心 104
理学理论或研究方法,而且主要局限于研究自觉的集体信念与偏见。例如,法国史学家考察了死亡的历史,但他们往往只留意丧葬仪式与丧葬地点,而不关注个体情感。同样,一些法国史学家效仿埃利亚斯研究17世纪的文明礼貌与宫廷社会,但他们仅对埃利亚斯分析中的社会因素感兴趣。甚至历史心理学领域法国的领军人物之一阿方斯·迪普龙(Alphonse Dupront)在描述其研究方法时,也认为其与社会思想史最为接近。[2]

另一方面,也有少数人自称"心理史学家(psychohistorians)";他们将一种心理学或精神分析模式径直引入其研究中,而弃埃利亚斯与费夫尔连同他们的社会因素如敝屣。这些心理史学家中的大多数都将他们的命运系于一种可有可无的、非历史的弗洛伊德主义;与埃利亚斯大不相同,他们强调精神分析的真理放之四海而皆准,而且亘古不易。当《心理史杂志》(*Journal of Psychohistory*)的创办人声称"历史学与心理史学的关系类似于占星术与天文学之间的关系"时,他就使得大多数历史学家所从事的这项事业看起来是滑天下之大稽。甚至有着精神分析理念的史学家一直以来也都与心理史割席而

---

〔1〕 Lucien Febvre,"La sensibilité et l'histoire:comment reconstituer la vie affective d'autrefois?" *Annales d'histoire sociale* 3 (January-June,1941):5-20,quote from p.9;René van der Veer,"Henri Wallon's Theory of Early Child Development:The Role of Emotions," *Developmental Review* 16,no.4 (December,1996):364-390.有关埃利亚斯与费夫尔两大模式的不同看法,参看 Jakob Tanner,"Unfassbare Gefühle:Emotionen in der Geistwissenschaft vom *Fin de siècle* bis in die Zwischenkriegzeit," in Uffa Jensen and Daniel Morat,eds., *Rationalisierungen des Gefühls.Zum Verhältnis von Wissenschaft und Emotionen* (Munich:Wilhelm Fink Verlag,2008),pp.35-59。

〔2〕 Alphonse Dupront,"Problèmes et méthodes d'une histoire de la psychologie collective," *Annales:economies,sociétés,civilisations* 16 (1961):3-11.

坐,素不来往。[1]

史学家对心理学研究方法的敌视部分源于他们的政治立场,反对该领域里耳熟能详的群众心理学(crowd psychology)所得出的诸多结论,而群众心理学则是当代社会心理学的一个重要源头。尽管难登社会科学的大雅之堂,但
105 群众心理学的确对 19 世纪末的文学、社会科学与史学产生了重大影响,而且直到 20 世纪仍享有很大的声誉。这一流派最著名的倡导者就是古斯塔夫·勒蓬(Gustave Le Bon)。他不仅是一位无党派的学者,也与法国的政要保持着千丝万缕的联系。其著作《乌合之众》(*The Crowd*)于 1895 年首次出版,汲取了众多法国与意大利研究大众行为的学者的成果。勒蓬认为:在一群人中的个体会受到某种程度的催眠,他会成为"一个不再遵从自身意志的机器人"。一旦成为有组织群众中的一分子,"一个男人会从文明之阶梯中下降好几个梯级"而且会变成一个"野蛮人"。群众的特色是"人类以各种低级的进化形式而存在"。勒蓬将这种情形等同于"妇女、野蛮人与儿童"。勒蓬相信群众心理学解释了现代社会的各种"病理",例如工人罢工与骚乱,特别是社会主义。[2]

鉴于群众心理学与极右翼之间的密切关系——贝尼托·墨索里尼(Benito Mussolini)声称多次拜读过勒蓬的这本书,而阿道夫·希特勒(Adolf Hitler)更是将其作为《我的奋斗》(*Mein Kampf*)的源头活水之一——无怪乎 20 世纪 50 年代与 60 年代的社会史先驱会对这种心理学分析避之唯恐不及。例如,乔治·鲁德(George Rudé)对历史中群众的研究明显与勒蓬的研究背道而驰。鲁德坚持认为:法国大革命中的巴黎群众都是由周边辛苦劳作的普通人家的男人组成的。他们最渴望的是充足的廉价食物。简言之,他们的动机是自觉

[1] Lloyd de Mause, "The Independence of Psychohistory," in Geoffrey Cocks and Travis L.Crosby, eds., *Psycho/history: Readings in the Method of Psychology, Psychoanalysis, and History* (New Haven, CT: Yale University Press, 1987), pp.50-67, quote from p.50.有关对心理史极其严厉的批驳,参看 David E.Stannard, *Shrinking History: On Freud and the Failure of Psychohistory* (New York: Oxford University Press, 1980)。

[2] Gustave Le Bon, *The Crowd: A Study of the Popular Mind* (New York: Macmillan, 1896), quotes from pp.13, 17, 109.See also Susanna Barrows, *Distorting Mirrors: Visions of the Crowd in Late Nineteenth-Century France* (New Haven, CT: Yale University Press, 1981), esp.p.169.

而理性的,不是出于毫无理性的暴民心理。鲁德强调群众行为最好采用社会学的方式解读,而不是心理学的方式。[1]

不过,该通行规则的一个例外可能弱化了其总体效力。汤普森在其颇具 106
影响力的《英国工人阶级的形成》中,在讨论循道宗(Methodism)时使用了一些心理学范畴。循道宗是新教英国国教会(the Protestant Church of England)中的信仰复兴运动的分支之一,18 世纪末 19 世纪初在英国与美国发展迅猛。为什么有那么多的工人会甘于接受汤普森所称的"心灵剥削(psychic exploitation)"呢?汤普森坚持认为:循道宗信徒的"歇斯底里(hysteria)"是对英国拥护法国大革命的人们受挫的一种反应。对革命理想受到压制的人们来说,宗教是一种情感宣泄的途径。善良的群众从来都不会被煽动蛊惑(psychologizing),看来只有不良的(在这种情形下,指政治上消极的)群众才会如此。[2]

因此,社会史的兴起需要拒绝大多数精神分析形式。社会解释似乎能更合理地论证普通民众的动机,而精神分析则极尽谴责普通民众之能事。福柯并没有这一层目的——他对求得群众动机的合理解释并不感兴趣——但其研究方法却也发挥了反对任何精神分析之功效。尽管他对运用各种规训手段建构个体保持高度关注,但其关注的核心是身体,而不是自我。实际上,他甚至否认个体意识的涉入:"如果权力进入人体,不是因为人们的意识内在化了权力。"而是毫无精神认知的制度(诸如监禁)塑造了身体。[3]

受福柯的影响,文化史学家,特别是研究性别(gender)的史学家在有关身
体的话语与实践方面的研究取得了突破性进展。学校、工厂、监狱、军队与修 107
道院里的规章制度,女性气质与男子汉气概的培养,体罚肉刑(corporal punishment),禁食、洗浴、礼仪与书信——有关身体的研究面之广实在令人惊叹

[1] Alfred Stein, "Adolf Hitler und G. Le Bon: der Meister des Massenbewegung und sein Lehrer," *Geschichte in Wissenschaft und Unterricht* 6 (1955): 362–368; George Rudé, *The Crowd in History: A Study of Popular Disturbances in France and England, 1730–1848* (New York: Wiley, 1964).

[2] Edward Palmer Thompson, *The Making of the English Working Class* (New York: Pantheon Books, 1964), esp. pp. 375–381.

[3] 引自 Robert M. Strozier, *Foucault, Subjectivity, and Identity: Historical Constructions of Subject and Self* (Detroit, MI: Wayne State University Press, 2002), p.70(源自同福柯的一次访谈,1979 年出版)。

不已。不过,这方面发人深省的研究几乎无一例外地旨在揭示身体是社会文化的建构物,而自我就算真的起作用,也只是次要的。它并不想搞清楚自我内在的黑匣子里装的到底是何物,换句话说,它不管自我内部围绕着不同的社会建构方式是如何互动、限定以及偶尔做出抉择的。[1]

简言之,哈佛大学的史学家威廉·L.兰格(William L.Langer)在1957年扼腕叹息的横亘于史学家与心理学之间的"铁幕(iron curtain)"依然存在。精神分析学和学院派的心理学(academic psychology)都不能撕裂它。弗洛伊德的观点受到哲学、临床医学与文化学的普遍批判;弗洛伊德学派内部围绕着如何正确解读弗洛伊德的著作争执不休;各种替代性临床医学实践层出不穷;当代的心理医生热衷于使用药物治疗各种精神疾病。所有这些都以各自的方式大大削弱了精神分析学以及各种形式的谈话疗法(talking therapy)的正当性。

然而,弗洛伊德的许多基本见解依然十分犀利。大多数的神经科学家相信:尽管许多心理活动是科学分析所能感知到的,但大多数的心理过程是不知不觉地发生的,是无法感知的。同弗洛伊德一样,尽管他们通常也不特别看重性动机(sexual motivations)(而且强调这一点时,他们会将其限定在进化的意义上),但他们中的许多人依然强调:精神包括自我与代理人(弗洛伊德的自我)之官能,它也服务于个体与社会群体之联系(弗洛伊德的超我)。[2]

108 当提到学院派心理学时,史学与心理学之间的对话前景甚至更加暗淡。精神分析学中的临床实践依赖病人向精神分析医师讲故事这种形式的历史叙述;而研究型的心理学家则仰赖在实验室场景中研究人的行为,除了有关学科本身的历史,很少会求助于任何形式的历史解释。而且,科班出身的心理学家

[1] 我在下面这本书里发现了富有建设性的批评:Lyndal Roper, *Oedipus and the Devil: Witchcraft, Sexuality, and Religion in Early Modern Europe* (London: Routledge, 1994)。

[2] William L.Langer, "The Next Assignment," *American Historical Review* 63, no.2 (January, 1958): 283-304.有关当代对精神分析的看法,例如可参看 Peter Brooks and Alex Woloch, eds., *Whose Freud? The Place of Psychoanalysis in Contemporary Culture* (New Haven, CT: Yale University Press, 2000); Eric R.Kandel, *The Age of Insight: The Quest to Understand the Unconscious in Art, Mind, and Brain: From Vienna 1900 to the Present*, 1st ed.(New York: Random House, 2012)。

也不认同对自我的定义。一位重量级的社会心理学家重新审视了1974—1993年期间发表的约3万篇有关自我的论文，得出如下结论："有关自我的数以千计的期刊论文对那个基本问题[什么是自我]所给出的答案似乎是更加游移不定，而不是更趋简单明了。"[1]

由此，一些认知科学家（cognitive scientists）逐渐视自我为一种海市蜃楼也就毫不奇怪了。他们的论证方式迥然不同于那些后现代主义者，诸如福柯[视自我为视觉幻象（optical illusion）]、德里达[视自我为幻影（phantasm）]以及拉康[视自我为错觉（misrecognition）]。不过，他们殊途而同归。例如，根据心理学家迈克尔·S.加扎尼加（Michael S.Gazzaniga）* 的观点，自我是一种我们自以为掌控了自己生活的虚构与幻觉。在他看来，"心理学本身已经死掉了"。它已经被神经科学、认知科学与演化生物学（evolutionary biology）所取代。当然，就连加扎尼加也不否认：至少在我们生活的思与行的过程中，"自我的官能"仍扮演着重要角色。在最近一篇有关脑裂（split-brain）** 病人的研究回顾中，他认为："尽管对'自我'本身的研究十分困难，但还是出现大量有关自我感知过程的引人入胜的观察结果。"在该研究中，他与合作者得出结论：自我的一种官能"来自[大脑]的两个[左与右]半球之中的分布式网络群 109
（distributed networks）"。[2]

考虑到自我身份之诸多不确定性，任何有关自我的历史看起来几乎是无从考察的。然而在一个领域中，即对情感史的研究，一些历史学家正在同

---

[1] Roy F.Baumeister, "The Self," in Daniel T.Gilbert, Susan T.Fiske, and Gardner Lindzey, eds., *The Handbook of Social Psychology*, 4th ed., vol.1 (Boston: McGraw-Hill, 1998), pp.680-740, quote from p.680.以更加肯定的语气强调对自我的再度关注，这种呼声可见于该指南（the handbook）的最新版：William B.Swann Jr. and Jennifer K.Bosson, "Self and Identity," in Susan T.Fiske, Daniel T.Gilbert, and Gardner Lindzey, eds., *Handbook of Social Psychology*, 5th ed., vol.1 (Hoboken, NJ: John Wiley, 2010), pp.589-628.

* Gazzaniga，或译为"葛詹尼加""迦萨尼迦"。——译者注

** 脑裂，又称"裂脑"或"分脑"，是指正常情况下两个半球互相配合的大脑，分裂成了两个独立的大脑，都认为对方已死。此时，双方都尝试接管集群资源，造成冲突的现象。详细可参看 http://en.wikipedia.org/wiki/Split-brain。——译者注

[2] Michael S.Gazzaniga, *The Mind's Past* (Berkeley: University of California Press, 1998), p. xi; Michael S. Gazzaniga, "Forty-Five Years of Split-Brain Research and Still Going Strong," *Nature Reviews Neuroscience* 6, no.8 (August 1, 2005): 653-659, quotes from pp.657, 658.

神经科学家与心理学家建立有益的联系。为了阐述 1750—1850 年期间法国的情感史,威廉·雷迪(William Reddy)苦心钻研认知心理学。他认为:18 世纪的情感类型是广为人知的感伤主义(sentimentalism),但因为它特别强调诚挚与爱国热情,进而为法国大革命中的恐怖行径(the Terror in the French Revolution)起到了推波助澜的作用。之后的历届政府都坚持控制感伤主义(去除情感中直接的政治含义),而不无矛盾地给了个人情感表达很大的空间。尽管雷迪的许多具体主张不无争议,但他为史学分析开辟了一片新版图。[1]

情感是一个前途无量的史学研究主题,因为情感比自我的其他表达方式更易于出现在历史文献中。在各种不同类型的文献中,从诉讼案到绘画,愤怒、憎恶、恐惧、快乐、惊奇与悲哀俯拾皆是。一些人认为这些情感表达是举世公认的,但即便如此,仍有必要对它们进行文化与历史研究,因为就对这些情感的辨识而言,不同的脉络会产生不同的结果。[2]

依照当前神经科学的理解,就单项而言,情感在自我当中是至关重要的。例如,神经学家汉娜·达马西奥与安东尼奥·达马西奥(Hanna and Antonio
110 Damasio)在他们对神经损伤的研究中证实:在推理与决策的过程中,情感是基本要素。由于中风、头部受伤或肿瘤而失去感知特定情感能力的人们,同时也就失去做出各种特定的理性决策的能力。这种研究影响之重大,以至于现在有人将该研究领域称为"情感认知(affective cognition)"或"情感科学(the

---

[1] William M. Reddy, *The Navigation of Feeling: A Framework for the History of Emotions* (Cambridge, UK: Cambridge University Press, 2001).

[2] Barbara H. Rosenwein, *Emotional Communities in the Early Middle Ages* (Ithaca, NY: Cornell University Press, 2006).保罗·埃克曼(Paul Ekman)是研究情感表达之普世性方面的权威,可参看 Charles Darwin, *The Expression of the Emotions in Man and Animals*,保罗·埃克曼为其撰写了导言,给予了诸多评论,菲利普·普罗杰(Philip Prodger)写了一篇有关插图历史的论文(Oxford, UK: Oxford University Press, 2002)。有关史学家们仅对情感与神经科学表现出一定兴趣的批判性的综述,可参看 Rafael Mandressi, "Le Temps profond et le temps perdu," *Revue d'histoire des sciences humaines* 25, no.2 (2011): 167-204。

affective sciences)”。[1]

情感不仅充当个人身心的一个枢纽,而且也将个体与社会和文化更广泛地联系在一起。个人层面的情感始于无意识的身体反应,经过一系列的步骤而形成了自觉的感受(self-conscious feelings)。社会内部不同的社会群体控制情感表达的途径大不相同,而不同的社会与文化在情感表达方面也存在差异。诚如雷迪所证实的,权力往往受到忽视的一个重要方面就是它具有决定情感表达的各项参数之能力。例如,当我们说路易十四在宫廷上一言九鼎之时,我们的意思是他掌控了其廷臣表达敌意、嫉妒甚或哀乐的各种方法。对情感表达调控的研究促进了不同形式的比较。这些比较既存在于不同的历史时期之间,也发生于不同文化之间、非西方与西方文化之间。此类比较有时像埃利亚斯所描述的易于冲动、惯于暴力的中世纪的人们,会令人反感;不过,诸如芭芭拉·罗森文(Barbara Rosenwein)与乌特·弗雷弗特(Ute Frevert)等史学家的研究则别有洞天,呈现出另一番场景。[2]

通过他与汉娜·达马西奥对情感的研究,安东尼奥·达马西奥提出了一 111
种神经基础(the neural basis)模式,即自我既具有生物性,也具有历史性,二者同时兼而有之。他认为:自我仰赖更新世时期形成的人类大脑的进化特性(例如,该时期智人的出现);思维、有意识的思维和制造文化的思维能力相继形成。自我是一种“植根于一个相对稳定、无休无止地重复的生物状态中的”透视(perspective)。它从有机体的结构与运作中获得其内核,然后经由缓慢

---

[1] Antonio R.Damasio, *Descartes' Error: Emotion, Reason, and the Human Brain* (New York: G.P.Putnam's Sons,1994).也可参看 Damasio's *Feeling of What Happens: Body and Emotion in the Making of Consciousness* (New York: Harcourt,1999)。有关情感科学,参看 John Protevi, *Political Affect: Connecting the Social and the Somatic* (Minneapolis: University of Minnesota Press,2009),p.23。关于对史学分析的各种意义,参看 William M.Reddy,“Saying Something New: Practice Theory and Cognitive Neuroscience,” *Arcadia—International Journal for Literary Studies* 44,no.1 (2009):8-23。

[2] Elias, *Civilizing Process*; Rosenwein, *Emotional Communities*; Jan Plamper,“The History of Emotions: An Interview with William Reddy, Barbara Rosenwein, and Peter Stearns,” *History and Theory* 49,no.2 (2010):237-265; Ute Frevert, *Emotions in History—Lost and Found* (Budapest: Central European University Press,2011).有关这方面最好的综述,参看 Monique Scheer,“Are Emotions a Kind of Practice (and Is That What Makes Them Have a History?): A Bourdieuian Approach to Understanding Emotion,” *History and Theory* 51,no.2 (2012):193-220。

的自传式数据(autobiographical data)的演进而得以形成。因此,自我就需要不断地激活过去的记忆以及对可能的未来进行计划与规划的记忆。换句话说,它需要不断激活历史的或叙述的意义。因其植根于躯体与大脑之中,故生物意义上的自我在二者之中是同步稳定的;因为该生物状态必须用自传式新信息加以持续激活与更新,故自我也对历史保持开放。在达马西奥看来,如果没有对超越了直接经验的历史、作为客体记忆以及可量化时间的感知,那么,“外扩了的”意识、自我意识就不会存在。[1]

尽管达马西奥论据中的许多观点(elements)依然保持不变,而另一些观点则有所变化。最为显著的就是最近他在研究工作中一再强调“原初感受(*primordial feelings*),意味着不论客体是如何介入或不介入我这个有机体当中,它都是独立存在的”。他现在认为这一点是至关重要的:“它是隐藏在所有情感背后的原初物,因而也是通过各种客体与有机体互动而产生的所有情感之基础。”它是四要素之一,而四要素合起来构成了一个“简单版本的”自
112 我。其他三要素分别是拥有基于身体的心智之透视(“这是我的身体”)、心智之所有感(“这是我的心智”)以及能力感(“我的心智命令我的身体所采取的各种行动”)。关键词是透视(或视角)、感受以及由此而展现出来的意义。[2]

尽管神经科学领域的新发现层出不穷,但在生物化学层面上的意识与自我仍然需要令人满意的解释。《有待破解的意识之谜》(“The Mystery of Consciousness Continues”)是哲学家约翰·R.瑟尔(John R.Searle)为达马西奥的书《自我如何在心智中形成》(*Self Comes to Mind*,2010)所写的长篇书评。在瑟尔看来,有朝一日会出现一种对意识的科学阐述,但要确定是哪一天则遇到各种无法应付的困难:迄今为止,各种建立一种意识的神经元关联的努力最终都失败了;而像达马西奥所做的各种理论尝试(即将意识的表象解释作为自我与心智的互动)也有其不足。因为它们只不过是将意识问题转换为心智或自我问题,结果依然是要假定自我是有意识的。对瑟尔来说,是意识解释了自

〔1〕 Antonio Damasio, *Self Comes to Mind: Constructing the Conscious Brain* (New York: Vintage Books, 2010), p. 193; Damasio, *Descartes' Error*, pp.238-239.

〔2〕 Damasio, *Self Comes to Mind*, pp.196-197.

我，而不是反过来自我解释了意识；而目前依然没有人能够解释意识是怎么来的。[1]

不过，并非一切都未尘埃落定。瑟尔承认：当达马西奥强调"在任何有关意识的叙述中，我们都需要解释我们的意识状态是如何经历与体验到的时候，他还是掌握了意识的一些方面的知识。这些意识状态不仅是一系列孤立的主体性事件，也是'我的经历与体验'"。在身体当中持续地经历与体验到一种自我的主角之感受，对意识而且最终对一种自我能动与身份认同感（a sense of agency and identity）来说，是至关重要的。这种自我感受来自心智对身体世界内部互动的各种解读。[2]

最近 20 年里，认知科学日益强调心智的具身论（an embodied view of the mind），而不是排他的计算论（exclusively computational one）。在计算论看来，113
大脑像计算机一样，筛选产生且位于大脑中的各种表征（representations）。在具身论看来，"认知不是一个既定心智对一个既定世界的表征，确切地说，它是一个世界与一个心智的生成（enactment）……基于一个在世存在（a being in the world）所施加的各种行动"。这一理论与其说是得到了神经科学家的强烈拥护，毋宁说是得到了研究心智的哲学家的鼎力拥戴。依照具身论的观点，情境（context）不仅包括身体，也包括最为宏观意义上的环境，不能将其简化为感官输入（sensory input）；身体与大脑间和身体与环境间的互动创造了自我，进而经由自我、大脑、身体、环境以及经验之间的互动，使得自我持续更新。知觉

---

〔1〕 John R.Searle, "The Mystery of Consciousness Continues," *New York Review of Books* (June 9, 2011), available at http://www.nybooks.com/articles/archives/2011/jun/09/mystery-consciousness-continues/? pagination=false (accessed November 10, 2013)。需要指出的是，米克尔·博克-雅各布森（Mikkel Borch-Jacobsen）对弗洛伊德有过类似的批评，弗洛伊德为了解释意识之形成而假定了自我意识（the consciousness of the ego）之存在。"自我意识是如何运作的？即我与我的身体可能有着这样一种关系，我将我的身体当作我的身体、当作我本身，但如果自我意识不通过说'我（I）''我（me）''自我（ego）''我（Ich）'这种方式呢？……难道不主要借助这种自我能力（ego-agency）而借助那种自我来处理就不行吗？弗洛伊德也承认对那种自我没有'充分研究'。"Mikkel Borch-Jacobsen, *The Freudian Subject* (Stanford: Stanford University Press, 1989), pp.70–71.

〔2〕 Searle, "Mystery of Consciousness Continues."

与行动(Perception and action)相互交织;知觉并不先于行动。[1]

赞成具身心智观的哲学家经常会提及莫里斯·梅洛-蓬蒂(Maurice Merleau-Ponty)的现象哲学。蓬蒂本人则深受各种儿童认知研究的影响。其《知觉现象学》(*Phenomenology of Perception*,1945)关注自我的具身化所蕴含的重要哲学意义。他主张:一个人对世界的知觉并不单单是因为外部世界作用于各种感觉;它之所以能够发生,也是因为自我能够主动投射到一个各种刺激能感受到的世界当中。在他看来,认知依赖一个身体图式(body schema)的形成(他称其为 schéma corporel),后者位于一个人的身体世界当中,而且便利了对其他身体的一种理解。因此,具身自我有其独特的贡献;唯有它依照自身的方式行事之时,才能感受到各种外部的感觉(sensations)或社会制约(social conditioning)。[2]

114 强调具身自我这个概念是为了凸显各种身体与世界互动的优先地位。由此,心智与身体是不可分割的也就顺理成章了。这种不可分割性看起来可能是显而易见的,因为大脑位于身体当中,而心智源自大脑的活动。然而,心智与身体的两分长期以来就是西方哲学史与基督教神学史的一个主题。一旦放弃心智与身体的二元论,那么,心智究竟是什么依然有待认识。即便是安东尼奥·达马西奥立场鲜明地强调心智,但对于心智到底是什么也是含糊其辞。他力图探究"灵动迅捷的心智活动"的生物化学与物理根源,但其用词斟酌表明了个中的艰难:"我们所经历与体验到的各种心智状态(mental states),与其说是对一个互不关联的大脑区域的活动反映,毋宁说是对涉及多区域的递归信号之结果的反映。"然而,对于思考心智活动来说(for thinking about thinking),心智依然有其用武之地——甚或是不可或缺的,所以达马西奥频繁地使

---

〔1〕 F.J.Varela,E.Thompson,and E.Rosch, *The Embodied Mind:Cognitive Science and Human Experience* (Cambridge,MA:MIT Press,1991),p.14,as quoted in Zoe Drayson,"Embodied Cognitive Science and Its Implications for Psychopathology," *Philosophy,Psychiatry,and Psychology* 16,no.4 (2009):329-334,quote from p. 331.

〔2〕 有关梅洛-蓬蒂的影响,例如,可参看 George Lakoff and Mark Johnson,*Philosophy in the Flesh:The Embodied Mind and Its Challenge to Western Thought* (New York:Basic Books,1999),p.xi。关于身体图式,参看 Ted Toadvine and Leonard Lawlor,eds.,*The Merleau-Ponty Reader* (Evanston,IL:Northwestern University Press,2007),p.147。

用这个术语，却从没给予其精确定义。与自我一样，心智与其说是一个事物，毋宁说是一个进程。[1]

强调自我或心智的具身化使我们有可能会知晓自我是如何从各种原初的无意识的身体过程（bodily processes）当中生成的，即便这种发展进程依然是一个十分有争议的话题。哲学家肖恩·加拉格尔（Shaun Gallagher）依靠对新生儿，有时仅仅是刚出生数个小时的新生儿的实验研究，旨在发现原初的自我。尽管他采纳了梅洛-蓬蒂的一个认知的身体图式是重要的这个主张，但他发现这个身体图式生而有之，而不像梅洛-蓬蒂所得出的结论，需要数个月的发育。加拉格尔强调新生儿必定是出生之时就已经拥有了一个原初的身体 115
图式，因为他们具有模仿他人的能力。换句话说，他相信存在着一个天生的身体图式。人类生而既有借助各种身体过程，立即开始熟悉他们自己的能力；而且，似乎出生时的他们就已经拥有一种初始意义上的自我的各种要件。一如加拉格尔所阐释的（他并没有做过这些实验），这些有关新生儿认知的研究回答了瑟尔所提出的一些异议：正如达马西奥所辩称的，自我的确先于意识或者可能与意识同时出现；而且，自我与意识都是随着时间的流逝，逐渐发展的。加拉格尔关于一个原初的身体图式的主张与达马西奥的论述不谋而合。后者认为：一个原始自我（proto-self）逐渐发展成为一个核心自我（core self），最终具有自反性（self-reflexivity），或达马西奥所称的“外扩了的意识”。[2]

那么，具身的自我对史学家来说意味着什么呢？个人（personhood）的意义因文化与历史会各有千秋；不可能等量齐观所有的时空，例如要么重视个人自主或个人权利，反之则重视家庭、社群或国家。与此同时，毫无疑问，可以将自我定义为一种对身体自主（ownership of the body）、能动性（agency in action）与自反能力（capacity for reflexivity）的感觉，而这种感觉毋庸置疑对任何一个

---

〔1〕 Damasio，*Self Comes to Mind*，p.93.例如，可参看 Lakoff and Johnson，*Philosophy in the Flesh*（p.266）：与强调“我们所称的‘心智’其实是具身的”不同，他们对心智的定义依然是含糊的，“心智不像某种施加于我们经验之中的神秘抽象的独立存在物；心智更像是我们同我们的世界互动的核心机构（the very structure and fabric）的一部分”。

〔2〕 Shaun Gallagher，*How the Body Shapes the Mind*（Oxford，UK：Clarendon Press，2005），pp.65–78.加拉格尔和达马西奥都引用对方的著作，但均未展开进一步的讨论，参看 ibid.，pp.135–137。

正常人来说都是至关重要的。它——即便“它”的准确定义尚存争议——是存在着的。不过,自我不应被想象成为一个头脑中的小矮人(homunculus)[小人(little man)]。是诸具身的自我,而不是诸大脑(brains)运筹帷幄与视、听、嗅和尝,而且有时不假思索,有时深思熟虑。身份认同、能动性以及自我(selfhood)都是过程,它们通过大脑、身体与世界互动而产生并不断变迁。能动性
116 并不像通常所描述的那样,仅仅是一个抽象的哲学问题。它遵从生物与社会的发展进程。[1]

可以想见,具身的自我要经得起社会的情境化与诠释(social contextualization and explanation)的检验。单单靠镜像神经元(mirror neurons)并不能够进行社会性理解;它们的发展还要受到社会互动(social interactions)的影响。当婴儿发现他们自身处在各种饱含情感的环境中时,他们会将这些环境当作关注的客体,迅速地做出反应。但有关社会互动对神经发育影响的研究一直以来都相对滞后,部分原因在于,尽管对作为个体的诸大脑进行各种实验也很复杂,但相对于有关社会互动对神经发育的影响来说则比较容易;另一部分原因在于,神经科学大都假定大脑内部正在发生的事情乃是重中之重。[2]

对于史学家来说,无须让他们相信大脑以外正在发生的事情是何等重要;他们需要相信的是大脑内部正在发生的事情也是相当重要的。如果不对诸个体的自我予以适当的关注,是无法解释变迁的。既然是这种大脑的互联互通培育了一种自我感,那么,自我从一开始就存在着某种东西,能够与大脑内部与外部世界互动。可以肯定的是,经验(experience)形塑了自我;但

---

〔1〕 此处的措辞,我使用“具身的自我”,而不是“精神性的身体(mindful body)”,原因在于,相关写作中的争议之处,有关自我(个人、个体)的普世性要远远多于身体的普世性。Nancy Scheper-Hughes and Margaret M.Lock,“The Mindful Body:A Prolegomenon to Future Work in Medical Anthropology,” *Medical Anthropology Quarterly*, New Series, 1, no.1 (March 1, 1987): 6-41; M.R.Bennett and Peter Michael Stephan Hacker, *Philosophical Foundations of Neuroscience* (Malden, MA: Blackwell, 2003), pp.68-73.

〔2〕 Hanne De Jaegher, Ezequiel Di Paolo, and Shaun Gallagher, “Can Social Interaction Constitute Social Cognition?” *Trends in Cognitive Sciences* 14, no.10 (October 1, 2010): 441-447.“社会神经科学(Social Neuroscience)”运用各种神经科学技术,力图知晓基于行为而产生的各种大脑功能,却不去了解社会互动是如何影响神经发育本身的。可参看 Tiffany A.Ito,“Implicit Social Cognition: Insights from Social Neuroscience,” in Bertram Gawronski and B.Keith Payne, eds., *Handbook of Implicit Social Cognition: Measurement, Theory, and Applications* (New York: Guilford Press, 2011), pp.80-92。

自我在形塑经验的过程中也发挥着某种关键作用。如果没有自我去理解经验,也就不会有经验的存在。自我在持续不断的发展过程中,通过给经验一席之地,即通过时而刻意、时而无意的诠释经验,而在形塑经验的过程中发挥着某种关键作用。无论是能动性,还是历史变迁都仰赖诸具身的自我与社会生活或集体生活之间的这种互动关系。的确,设若社会不是各种重重叠叠的主体间的或自我间的关系,那还会是什么呢？而且,个体意识——尽管是由社会 117
互动具身和形塑的——依然具有反射作用,进而可以改变某个行动的结果。它不是通过自由意志的表达方式,即将其想象为某种虚无缥缈的、不具实体的主体性或意向性(disembodied subjectivity or intentionality),而是经由诸条自我、心智、身体与环境之间的互动之链以及自我对它们持续不断的诠释来完成这个作用。[1]

对社会与自我不能采用一种非此即彼的、简单化的陈述方式;社会是由诸多自我组成的;而诸多自我又是由它们的社会关系或自我间的关系形塑的。从某种程度上说,这种视角同动态变迁的视角(changing perspective)一样,再简单不过了(即一般我们所说的,横看成岭侧成峰。——译者注)。例如,当我们从群众的角度去思考法国大革命中的某种社会集体性(social collectivity)之时,我们就能够知晓1789年7月攻占巴士底狱(the attack on the Bastille fortress),甚或是1792年9月恐怖的监狱大屠杀的某种合理性。巴士底维护蛮横专制的政府,而1792年的狱中的犯人则涉嫌通敌卖国,与正在逼近巴黎的敌军里应外合。当我们从构成这些群众中的每个个体的角度来思考之时,关注点就发生了变化。那些啸聚的人们各行其是,他们中任何人都无法预见或预期最终的结局如何。一种社会性的诠释可能会重构了他们啸聚的根本原因,进而解释了谁最有可能会加入啸聚的人群之中。而一种强调诸个体的诠释则凸显诸个体介入这样一种集体当中的各种方式改变了相关个体的情感与决策。由此,它潜在地更加关注本体经验(somatic experiences);而在一种高度

[1] 其中一些很有意义的区别,可参看 Diana Coole,"Rethinking Agency:A Phenomenological Approach to Embodiment and Agentic Capacities," *Political Studies* 53,no.1 (2005):124-142。

紧张形势下形成的短暂的人员聚集则促成了这种本体经验。

118 一种视角的转换并不总会带来新发现，不过，加大对群众中诸个体经历与体验的关注，对解释群众(crowds)何以变得残暴来说，是至关重要的。一些社会科学家正在试图建构各种群众行为的认知科学模式。这种研究方法，强调各种集体动力与基于视觉与其他身体线索而进行的个人决策的交集。此类模式的优点是它们并不渲染群众的非理性或歇斯底里的行为，而是展示个人模式与集体模式的互动是何以沿着迥然不同而又往往和平的路径形成、发展的。各种模式之所以能够运作乃是因为它们将诸个体的自我纳入麾下。[1]

具身自我的观念有望超越一些哲学与史学上二元论所带来的经年日久之困扰。普世性与差异性、生物与历史、自然与文化、理性与情感(emotion)、恒定的自我与失衡的(decentered)自我、亘古不变的心理学与植根变迁的历史学或者就此而言的个人能动性与社会建构，它们之间的对立并非必然。人类生而具有形塑自我与社会关系的能力，但他们会因历史文化的不同而呈现出形态各异的表现形式。诚然，自我与社会关系之间如何更好地互联互通依然存在着很大的争论空间，而且发现自我与社会关系在发展过程中的历史差异是史学家的重要职责之一。但是，如果史学家想要承担这项职责，他们就必须加入这种对话当中，去认真思考自我。

[1] Mehdi Moussaïd, Dirk Helbing, and Guy Theraulaz, "How Simple Rules Determine Pedestrian Behavior and Crowd Disasters," *Proceedings of the National Academy of Sciences of the United States of America*, 108, no.17 (April 26, 2011): 6884 - 6888, available at http://www.pnas.org/content/early/2011/04/08/1016507108 (consulted September 19, 2012).

第四章　新宗旨　新范式 119

我们总是在不断地建构史学，21 世纪或许尤甚。20 世纪史学研究的主要范式皆已破败不堪。文化理论从根本上削弱了这些研究范式，揭示了它们存在着结构性缺陷，却没有提供一种替代性的可行方案。虽然全球化的讨论为我们提供了一个更加恢宏的图景，但它尚在形塑之中。即便如此，未来变革的形势是令人欢欣鼓舞的。集社会与自我的新思维、原有研究范式的合理内核以及全球化为一体，将会产生新的研究范式，以响应不断演进的史学研究宗旨。

史学将会继续服务于民族国家建设与身份认同政治，因为民族国家仍然框定着社会政治生活的主要方面。与此同时，我们日益深切地认识到：无论过去与未来，人们不仅彼此之间，而且与其他物种之间共同拥有同一个星球。相应地，史学的宗旨也将会百尺竿头，更进一步。幽远的人类过往、今日的全球 120
化大势以及不断变迁的人类与环境连同其他动物之间的关系，所有这些必定会日益引人瞩目。这些新的受到关注的历史证据通过考古学、动物与人类基因组研究等逐渐显现出来。近年各种人为的环境灾难（如核事故与原油泄漏事故）迫使人们日益关注共同的全球性挑战。

不过，所有这些新进展未必全要沿着同一条路径行进。一种全球的、漫长（mega-long-term）的历史并非有待讲述的唯一故事。史学家往往深知探寻历史问题的答案需要精心选择分析对象的规模大小（the scale of analysis）。* 例如，如果你想要理解工业化何以始自英国，你不妨去研究一个城市，如早期工

*　即史学家们需要量体裁衣。——译者注

业化的重要城市之一——伯明翰(Birmingham);或者去研究一个人,如改进了蒸汽机的詹姆斯·瓦特(James Watt)。不过,如果你想要理解工业化为什么最早在英国启动,你就需要选择不同的视角,将英国与其他国家进行比较,如18世纪英国的主要竞争对手法国。最近,一些史学家甚至提出要在英国与中国之间进行比较,声称西方的技术优势远非在假定的18世纪确立的,而且要理解这种技术优势的最终形成就需要一种更加恢宏的比照。研究的规模取决于有待回答的问题。[1]

考虑到史学问题的千差万别,而每个史学问题都需要选取某种研究路径,
121 因此任何一种研究范式都无法称雄于众。既然这些研究范式势必无法充分展现多姿多彩的历史经验,由此,一些学者得出结论:它们本身的价值即便不是有百害而无一利,也是乏善可陈,微不足道。不过,我相信这些范式还是十分有必要的;它们产生于对人之本性与人之为人的意义的追问中。我们的确生活在一个无情的现代化与全球化的世界当中吗?阶级斗争会变得更加尖锐吗?世界各地的农民正在消逝并让位于一种全然不同的、以巨型城市为根据地的社会组织吗?我们习以为常的社会身份认同正在解体并会为新的社会身份认同取而代之吗?这些各种各样的问题是由以往历史中主流研究范式(现代化、马克思主义、年鉴学派和身份认同政治)提出的,即便所给出的答案一直被争论,但这些问题依然困扰着我们。

这些研究范式之所以有问题,是因为它们在本质上都是只见树木,不见森林。不过,即便如此,这些研究范式如果不是不可避免的话,它们也是十分必要的。各种宏大叙事,以一个群体、一个民族国家为中心也好,以整个世界为中心也罢,对政治与文化权力的运用来说都是至关重要的。这也正是西方社会科学家如此擅于制造各种研究范式的原因所在。控制各种研究范式是西方政治与文化霸权的表现之一。对那些力图抵制一个居于主导地位的集团或民族国家的人们来说,仅仅全盘拒斥此类叙事是远远不够的,还需要提供一种替

〔1〕 例如,可参看 Kenneth Pomeranz, *The Great Divergence: China, Europe, and the Making of the Modern World Economy* (Princeton, NJ: Princeton University Press, 2009)。

代性的叙述。因此,1776 年英属北美诸殖民地的《独立宣言》开头就如此写道:“在人类历史事件的进程中,当一个民族必须解除其与另一个民族之间迄今所存在着的政治联系、而在世界列国之中取得那自然法则和自然神明(the 122
Laws of Nature and Nature’s God)所规定给他们的独立与平等的地位时,就有一种真诚的尊重人类公益的心理,要求他们一定要把那些迫使他们不得已而独立的原因宣布出来。”* 在宣言的第二段中提到了著名的不言自明之理,即“人人生而平等,他们都从他们的造物主(Creator)那边被赋予了某些不可转让的权利”。** 尽管这段金玉良言激起的共鸣经久不息、余音绕梁,但在对英国国王乔治三世(King George III)旨在建立“一种凌驾于各邦(these States)绝对专制的统治”而实施的“怙恶不悛之行为与倒行逆施”的宏大叙述当中,只占有很小的篇幅。独立需要形成一种叙述,以便重铸各殖民地的历史和它们在更为广阔世界当中的位置。不论是族裔身份认同、民族国家统一、西方历史层面,还是世界史层面,诸叙述对在一个更为广阔秩序中建立一种位置感和改变这种秩序本身来说,都是至关重要的。[1]

叙事是人类发展的一个基本特征。叙述能够将个人的记忆、自我感(a sense of self),乃至个人的现实观有条不紊地组织起来。然而,某些脑损伤会导致不同类型的“叙述障碍(dysnarrativia)”,这主要取决于脑功能受到影响的区域。“叙述障碍”表现出来的形式有受到抑制的叙述(arrested narration)(健忘症)、不着边际的叙述(unbounded narration)(编造出各种与实际发生的事件略微相关或毫不相关的叙述)、缺失性叙述(undernarration)(失去了挑选基于不同预期性选择而产生的不同叙述结果的能力)以及消解式叙述(denarra-

---

*　有关美国《独立宣言》的译文主要来自刘绪贻、李世洞主编:《美国研究词典》,北京:中国社会科学出版社,2002 年,附录 1。——译者注

**　关于“人人生而平等”,其英文原文为“all men are are created equal”,翻译成“人人生而平等”或许并不十分准确。原因之一,就《独立宣言》当时的历史情境来说,“all men”其实指的是“所有男人”,而不包括女人的;原因之二,“are created equal”,联系下文,主要是指所有男人都是由他们的造物主以同等或同样的方式创造出来的。这一见解主要源于中国人民大学的程农老师,受益于其讲授的研究生课程“近代西方自由主义研究”。——译者注

〔1〕 Declaration of Independence, available at http://www.archives.gov/exhibits/charters/declaration_transcript.html (accessed November 11, 2013).

tion)(失去了将情感赋予诸叙述情节的能力)。正如最近的一本儿童心理学手册所证实的:“叙述具有一种文化普适性,是最为有力的解释性工具之一,人类借此得以在时间中将经历与体验组织起来,并对人类的行动进行解释与评估。”[1]

123 叙述能力是一种人所共有的特性,它不仅体现在文化层面上,也体现在个体层面上。罗兰·巴尔特坚持认为:“不论年龄、地域与社会,叙述无时无处不在;它与人类的历史同样久远,而且没有任何一个地方的人是没有叙述的……不必在意文学好歹之分,叙述是国际性的、超越历史与跨文化的。它就像生命本身,简简单单地在那里存在着。”而且,不论学者采取何种形式的称谓,所有文化都有其恢宏的故事或元叙事(meta-narratives)。因为所有文化都会讲述它们的起源、生活的内容以及它们是如何拥有在这个世界中的位置的。[2]

克利福德·格尔茨在《文化的解释》(*Interpretation of Cultures*)的开篇中就讲述了一个类似元叙事的精彩故事。一个英国人在与其谈话的印度人那里获知:一个平台承载着这个世界,而这个平台是由一头大象驮着;而大象则是由一只海龟驮着。那么,这个海龟是由什么驮着呢?答案是另一只海龟,如此问下去还会有许多其他海龟。格尔茨用此隐喻来解释人类学的工作,并由此得出结论:打破砂锅问到底是不可能的,“文化分析本质上是不完全的”。然后,他提供了依据,用以力挺“深描(thick description)”而反对因果分析作为理解文化的最佳方式。他说道:“文化”是由人类所编织的“意义之网”,而且文化分析不应该“是一种探究规律的实验科学,而是一种探究意义的解释性科学”。[3]

不过,格尔茨过于强调以科学、规律以及原因为一方与以文化、解释以及

[1] Kay Young and Jeffrey L.Saver, “The Neurology of Narrative,” *SubStance* 30 (2001): 72–84; Richard M.Lerner, *Handbook of Child Psychology: Theoretical Models of Human Development*, vol. 1, of William Damon and Richard M.Lerner, eds., *Handbook of Child Psychology*, 6th ed. (Hoboken, NJ: John Wiley, 2006), p.744.

[2] 巴尔特的话转引自 Martin McQuillan, ed., *The Narrative Reader* (London: Routledge, 2000), p.109。巴尔特的话也转引自 Young and Saver, “Neurology of Narrative”。

[3] Clifford Geertz, *The Interpretation of Cultures: Selected Essays* (New York: Basic Books, 1973), pp.28–29, 5.

意义为另一方之间的对立。毕竟,这个故事表明:即便诸如此类的因果分析最 124
终都会折戟沉沙,但每个人依然想要一个有关世界起源的因果分析。这个故事证实:想要一探世界起源之究竟,就有必要进行一种无限的回归(infinite regression),即去追问时间开始之前是什么样子。因此,这个印度人的回答不仅揭示了一种普适的困境与难题,也演示了因果思维的必然性。让·皮亚杰(Jean Piaget)认为:儿童大约要到七八岁的时候才具有因果理解力,但最近的研究表明:两岁左右的儿童就能理解事件与心智状态之间的因果关系,而且具备了使用语言表达这些关系的能力。因果推理是普适的。[1]

然而,格尔茨的故事也暗含着另外一个信息,即各种西方优越感与解释世界起源之困难存在着某种关联。显然,那个英国人利用那个印度人的叙述使其无言以对。他是如何确切地证明了那个印度人所言是错误的呢?我们可以设想一下:对于那个印度人不能给出一个诸如基督教的上帝这样真正的终极原因,那个英国人或多或少都会有些沾沾自喜。对基督徒来说,根据定义,上帝的存在是不需要原因的:基督教的上帝过去是、现在依然是所有海龟的创造者。

除非他们真正要写地球史,否则,史学家往往不太会为世界的起源问题所扰。不过,他们的确为历史的意义问题大伤脑筋。不论是将其定义为自由、进
步、现代性,还是全球化,历史存在着一种秘而不宣的目的吗?对此,最具影响 125
力的表述之一是由19世纪初德国哲学家G.W.F.黑格尔(G.W.F.Hegel)提出的,即"世界历史不外乎就是自由意识的演进"。这种演进暗含着一种线性的历史发展进程:"东方世界过去直到现在只知道一个人(*One*)是自由的;希腊和罗马世界晓得一些人(*some*)是自由的;日耳曼世界则意识到所有人(*All*)都是自由的。"因此,在黑格尔看来,现在优于过去,而西方优于东方。[2]

这种目的论式(teleological)思维并不容易被克服,而且,某种程度上它恰

〔1〕 Lois Bloom, *Language Development from Two to Three* (Cambridge, UK: Cambridge University Press, 1993), p. 333.

〔2〕 Georg Wilhelm Friedrich Hegel, *Philosophy of History*, trans. John Sibree (New York: American Home Library, 1902), pp.63-64, 164.

恰是隐含于带有恢宏故事的范式之中的,是此类范式的核心理念。根据定义,故事要有始有终;而且,如果不追溯故事的过往,那么去解读结局将会是难于上青天。叙述本身很难同结局或目的割裂开来,因为从被建构的那一刻起,它在本质上就是要溯及既往的。一种叙述要解释过去如何造就了当下,或者是较为遥远的过去诸事件如何造成了不太遥远的过去诸结果。由此,当下不可避免地成为一个叙述目的。哲学家戴维·卡尔(David Carr)辩称:叙述是目的论的,因为所有人类行动都是有目的的;行动的意义源于其所预期的目的,而叙述则反映了这一目的。[1]

举世公认,达尔文终结了曾经为他那个时代的生物学立下汗马功劳的目的论式思维。不过,纵然如此,当溯及既往之时,依然可以用目的论式思维审视其自然选择原理;那些生存过的有机体曾经是其环境的最适者。由此,演进似乎显现出一种长远的模式与目的。尽管像马克思这样坚定的唯物主义者驳
126 斥宗教以及任何与亚里士多德式形而上学相似之物,但他们仍然相信历史本身显现了某种潜在的根本目的。这一目的,对马克思来说,就是通过一场共产主义革命而获胜的无产阶级终将消灭阶级斗争。溯及既往,这何尝不是目的论呢?

造成这一难题的核心要素就是叙述者的视角。正如黑格尔所为,如果一个人想要通过写作去解释西方的优越性,尔后西方优越性就成为这一故事的终极目的(telos)。如果一个人着眼于经历了自然选择的诸有机体,尔后那些生存者即是最适者。要叙述自我,一个人就会问:"我是怎么适逢其时地来的呢?"尔后尽管历经千难万险,但所有的事情似乎都有助于抵达终点。

将叙述统统拒之门外并非史学家的解决之道,这一点是通过二战结束后数十年来一些史学家的努力展现给我们的。那些有志于史学能够更亲近自然科学或者至少是社会科学的史学家主张:史学家要坚持分析而对叙述避而远之;史学家要像科学家那样,通过系统累积可量化的证据来验证假设,进而希

---

〔1〕 David Carr, "Narrative and the Real World: An Argument for Continuity," in Lewis P. Hinchman, ed., *Memory, Identity, Community: The Idea of Narrative in the Human Sciences* (SUNY Series in the Philosophy of the Social Sciences) (Albany, NY: SUNY Press, 1997), pp.7-25.

冀确立因果解释的方法。年鉴学派史学家埃马纽埃尔·勒鲁瓦·拉迪里提出了其著名论断:“可量化的历史是唯一科学的历史。”而这些一味讲究量化的史学家(The quantifiers)同样带来了格尔茨所指出的科学与文化解释之间的二元论问题,只不过是他们选择了前者,即科学。[1]

这种研究日益科学化的取向存在着诸多不足之处。究其缘由是多方面的。其中最为重要的原因是无法将分析和因果解释同叙述区分开来。事实上,所有的因果解释都暗含着一种叙述,而所有的叙述都暗含着因果解释。在一项有关人们如何理解诸叙述文本的研究中,实验心理学家阿瑟·C.格雷泽(Arthur C.Graesser)、默里·辛格(Murray Singer)和汤姆·特拉巴索(Tom Trabasso)得出如下结论,理解诸叙述有赖于三要素:读者的目的、一致性之需要以及为行动与事件提供合理解释之情节(development)。简言之,只有读者能够想象出各种因果解释,该叙述才能得以理解。而且,因其仰赖读者之目的与力图探求一致性之冲动,叙述之理解势必有着某种目的论的元素。哲学家保罗·里克尔(Paul Ricoeur)在《时间与叙述》(*Time and Narrative*)中主张:“因果论证与目的论论证——二者不是互相影响而是和谐共存——合并于我们赋予某个行动的意义之中。”换句话说,人类要找寻其各自故事中的内在逻辑,后者与他们自身之目的密切相关。[2] 127

因此,尽管史学家能够将诸如自由和现代化之类浮夸的终极目标强加于目的论这一趋向之中,但他们无法彻底消除目的论。正如黑格尔所孜孜以求的,尽管他的例子表明将其自身的时代作为历史目的存在各种风险,但书写世界史依然是合情合理,甚至是必不可少的。黑格尔所体系化的自由之宏大叙

---

〔1〕 François Dosse, *New History in France: The Triumph of the Annales*, trans. Peter V. Conroy Jr. (Champaign: University of Illinois Press, 1994), quote from p.158.

〔2〕 劳伦斯·斯通(Laurence Stone)将他所见证的20世纪70年代末叙述的复兴同“力图终结过去制造一种具有连贯性与科学性的解释变迁之尝试”联系在一起。不过,他同样也忽略了叙述与因果解释之间的必然联系。Lawrence Stone, “The Revival of Narrative: Reflections on a New Old History,” *Past and Present* 85 (November, 1979): 3-24, quote from p.19; Arthur C. Graesser, Murray Singer, and Tom Trabasso, “Constructing Inferences during Narrative Text Comprehension,” *Psychological Review* 101 (1994): 371-395; Paul Ricoeur, *Time and Narrative*, vol.1, trans. David Pellauer (Chicago: University of Chicago Press, 1990), fn.23 on p.254。前文注释中提到的戴维·卡尔也受到里克尔观点的影响。二者的写作都秉承了现象学(phenomenological)传统。

事形成于 18 世纪末，发展于 19 世纪(黑格尔以一种方式，马克思则另辟蹊径将自由之宏大叙述的形成与发展融于一体)；现代化形成与发展于 20 世纪(为了因应人们感同身受的马克思主义之式微)；而全球化则形成与发展于 21 世纪(为了因应人们所认为的现代化与马克思主义之式微)。由是，所有的重大叙述都及时因应特定的历史时刻；而且，当它们在某些方面取得了累累硕果
128 之时，势必也会成为依照其他方式进行理解的绊脚石。我们或许无法将它们弃之如敝屣，但至少我们能够认识到它们的诸多局限。

由此，万里长征的第一步就是要承认不断展开的历史并没有固定的行程。纵然是我们在如此叙述的尝试过程中，还是让目的论这样的诸元素从后门溜了进来，但仍然要一如既往。任何一种能够预先决定历史结果的既定目的抑或巧妙设计都是不存在的。不过，历史并非全然漂泊无方，各种趋势是能够被解码的。这些趋势既包括地球上日益增加的人口密度，也包括社会交往的不断加深以及各种社会功能的日益分化。一旦密度、交往与分化达到一定水平，那么这些资源就便利了各种专业化知识类型的形成与技术发展。伴随着社会交往、专业化知识与技术发展的持续进步，个人与社会就形成一种敏锐的时间意识以及时过境迁的意识，进而造成一种时光不断加速的感受。不过，这些过程不应被理解为诸多笔直地飞向靶子的离弦之箭。这些靶子是不存在的。各种文化荣荣枯枯；社会交往与分化或疾或滞；帝国统治时间长短不一，而且从来没有千秋永固的；技术发展所带来的各种结果从来都不是整齐划一的，更不要说全部是有利而无害的了。各种意想不到的后果全都参与了诸多形态不一的箭矢的运动。[1]

既然历史并没有任何预定的终极目的(end point)，那么现代性一定就会被视为一个有问题的观念。无疑，最近的三个世纪里发生了多次根本的、转折性大变迁。西方人与不断增加的世界其他各地的人们经历了他们自身同其社群、甚至是某种程度上他们的家庭之间日甚一日的疏离。社会被想象为一个
129

[1] See the forum on "Progress in History?," in *Historically Speaking: The Bulletin of the Historical Society* (May/June, 2006).

可以不受各种形式的先验权威控制的自由地带。社会功能的分化如此剧烈，技术发展如此迅猛，必须对它们进行持续不断的实时观察。不过，这些沧桑巨变并非依照同一种方式而同时或同地发生的。

现代性往往承载着历史的终极目的，而不是一个用以表述一系列互联互通、正在行进当中的各种发展过程的方便术语。现代性并不代表着一种历史的断裂，将历史分裂为各自独立的两大领域：线的一边是前现代或传统，另一边则是现代。那些林林总总的所谓现代性特征早在数世纪以前就已经形成了，而且它们形成的时间与地点也不尽相同。“现代性”的运用促成了某种粗枝大叶的历史，在这种历史中，那些不能培养出与现代性有密切相关之特征的一切事物很容易被忽视、误解与诋毁。

设若全球化想要成为一个令人信服的研究范式，那么它就千万别把现代性当作其无可避免的终极目的。全球化不必同现代化过从甚密。全球化是先于现代化而出现的；而且，全球化在其漫长的历史发展进程中有着迥然不同的原因：上至气候变化（一些人推论：早期人类因冰川时代的某个热浪期离开了非洲），下到宗教（基督教、伊斯兰教或佛教的传播）、征服以及商贸。通过展示不同时期全球化的这一发展进程是如何适时运作的，史学家在完善各种全球化理论方面正在发挥着某种至关重要的作用。他们不是由今及古，而是从历史上的某个节点出发，去探寻与梳理出向前发展的各种方案是何等的千差万别。由此，他们很好地规避了目的论的陷阱。

史学家对所谓全球化与资本主义之间的紧密联系也打了个问号。显而易 130
见，早期的全球化形式有别于资本主义，它存在着其他渊源；即便研究的中心是商贸，学者的研究结果往往也凸显了社会文化因素在推动经济扩展中的重要性。例如，在一篇有关近代早期全球化诸多局限的文章中，经济史学家扬·德弗里斯（Jan de Vries）总览了欧亚之间的跨陆贸易。他通过文献证实1500—1800年期间的欧亚贸易激增了25倍。尽管该时期欧洲从其新世界的殖民地进口的货物价值是从亚洲进口的货物价值的3倍多，但来自亚洲的进口物品有着远远超越其货币价值的影响。从亚洲进口来的物品有香料、茶叶、丝绸与瓷器；而这些进口物品，在德弗里斯看来，激发了“欧洲消费者的新需求”。作为回应,欧洲人往往找到了迎合那些世界其他地方需求的新途径,例如为他们供给加勒比地区的咖啡和蔗糖以及欧洲制造的瓷器和纺织品。因此,这一故事所讲述的不仅是商业全球化或是单纯的欧洲优势地位,它也叙述了经济学家所称的“弹性需求(elasticity of demand)”。[1]

当经济学家谈论弹性需求时,他们往往指价格弹性,即商品的需求量会随商品价格的波动而波动。不过,消费者的需求并不仅仅是指商品供求或价格的相对性,尤其是当我们谈到新产品这一话题之时。有时,消费需求也产生于对新近发现之物功用的主观预期。例如,烟草是16世纪由法国驻里斯本(Lisbon)大使让·尼科(Jean Nicot)(“尼古丁”一词由此得名)引入法国的。
131 他在葡萄牙培植了一株从其佛罗里达花园里带来的烟草。听取了新世界原住民所汇报的烟草之种种药用价值后,尼科通过为其家庭成员治疗溃疡、创伤和皮癣,亲自验证了这些特性。然后,他把烟草送给了法国国王,用以治疗患有癌症的两位宫廷贵妇(the ladies at court)。尽管消费者推动烟草发展更多是出于其消遣功用,但直到19世纪中叶以前,烟草一直被当作药材用来治疗各种五花八门的疾病,从鼻息肉到昆虫叮咬,甚至被放到直肠里,用以止痔血。消费者对烟草的需求日益增加的初因是他们认为它确有药效。[2]

唯有通过关注不断变化的文化情境与各种个人意愿对这些文化情境进行塑造的方法,消费者的需求才能得到合理的解释。在对近代早期人们对大黄需求激增的精彩分析中,埃丽卡·莫纳汉(Erika Monahan)详述了在17世纪1普特(pud)*(1普特等于16.38千克)中药大黄(Chinese rhubarb)在西伯利亚(Siberia)的价值是如何比一栋房子、一匹马或一个奴隶的3倍还多的;到了莫斯科,其价值则比它们的5倍还多;而到了西欧,甚至更高。她提到了17世纪中药大黄价值不断攀升的一组因素:欧洲的殖民征服造成了前所未知的各种植物的发现,比如美洲原住民当作药用的烟草;各门科学的声名日盛与不断普

〔1〕 Jan de Vries, “The Limits of Globalization in the Early Modern World,” *Economic History Review* 63, no.3 (2010):710-733.

〔2〕 Anne Charlton, “Medicinal Uses of Tobacco in History,” *Journal of the Royal Society of Medicine* 97, no.6 (June, 2004):292-296.

* 16—17世纪沙皇俄国的主要重量单位。——译者注

及,如植物学,使得精英名流(elites)特别关注这些新发现以及寻找这些植物在其本国周边地区所具有的各种商业价值,就像大黄;游历出行的人数有增无已,使得欧洲的医生能够近距离接触中药大黄,而人们发现后者的药效要远胜于各种欧洲的变种,它是一剂更为理想的泻药;因为数个世纪以来西方医学 132
(与伊斯兰医学)特别重视洁净(cleansing),故而泻药备受宠爱,例如内科医生相信疾病是由维持生命所必需的液体(vital fluids)即所谓的体液(humors)之失衡所导致的;最后,印刷术的普及使得新的或为人们所钟爱的治疗知识广为传播,而且个人可支配收入的增加使得平民百姓也能从他们当地的药剂师那里获得治疗药物。正如莫纳汉所示,中药大黄之所以利润如此丰厚,远非单一因素或是其相对的稀缺性所能解释的。[1]

史学家能够对各种全球化理论做出贡献,莫纳汉的研究充分证明了这一点。它提供了一个掷地有声的例子,如何将一个历史话题向前推,而不是往后溯。就像烟草和番茄,大黄也是哥伦布跌跌撞撞进入新世界所遇到的植物之一。它在近代早期的全球化进程中发挥了毋庸辩驳的作用。不过,与烟草和番茄不一样,随着医学认识的变迁与实验室里新泻药的发明,它很快就失去了其全球重要性。但大黄的成功与长远来看的失败——不像烟草与玉米,它本来就不能成片成片地大规模种植——很好地告诉我们一个道理:该全球化进程是适时发生于某个特定的历史时刻的。

如果我们能够知晓那些人收购大黄的感受、洁净他们身体的需要、更加自由的可支配收入以及由此所具有的更多选择,那么我们对大黄为全球化所做贡献之大的理解本来会更为深入。简言之,我们需要更多地了解生活于1500—1800年期间人们的所思所想。这种信息并不容易获致,但关注各种情感(emotions)的史学家已经开始有更多的发现。消费者之所以需要大黄,是 133
因为它有助于调节他们身体的排泄功能(bodily excretions)。近代早期的欧洲人认为:不能将他们的身体视为一个个独立的器官,而应视为冷、热和各种

[1] Erika Monahan, "Locating Rhubarb: Early Modernity's Relevant Obscurity," in Paula Findlen, ed., *Early Modern Things: Objects and Their Histories, 1500-1800* (London: Routledge, 2012), pp.227-251.

情感不断变换的一个场所，这就需要通过放血、拔火罐、上吐下泻来恢复其脆弱的平衡。[1]

身体的排泄功能充斥着医学、情感甚至是法律上的重要性。内科医生会仔细检查尿液颜色、唾液与粪便的性状以及出汗量。既然医生和病人都相信健康取决于四种体液的平衡——黑胆汁、黄（或红）胆汁、血液与黏液(phlegm)，那么排泄物的性状就是一个至关重要的指示信号。不同情感的平衡被认为是健康的必要条件，而这种平衡并不仅仅意味着要节制，还意味着要具有一种在适当的社会场合中表达相应情感的能力。* 各种情感必定会流动于不同类型的人当中，正如各种体液必定会以正确的方式循环。大悲不利于健康，但是不怎么悲伤则意味着更为严重的问题。16 世纪中叶到 17 世纪末，迫害女巫运动(the witchcraft persecutions)遍及欧洲，那些女受害人被描绘为“干”冷的妇女，因为她们在受审时不曾哭过。眼泪曾经有其法律地位(legal standing)。[2]

这样，大黄把我们带回到自我-社会之交叉路口。全球化仰赖不断增长的需求；而唯有通过关注社会与自我之间的变迁，这种不断增长的需求才能得到解释。对自我-社会相互作用的研究于史学家来说是一片广阔而又很大程度依然尚未开垦的处女地；而对这些相互作用的探究有望获得极大收益。本
134 章余下的部分，我对 18 世纪西方一系列的此类变迁进行如下归纳：具身的自我从立足于各种体液与情感的平衡转向在共享空间(shared spaces)包括政治中寻求不断增强的刺激与参与。

这种转向的证据俯拾皆是，但不会咸集于此，因为学者的关注点是不一样的：关注新产品的经济层面，而不是这些新产品对买家的意义；关注民族国家层面的民主化，而不是民主化对个人的意义；关注社会控制自我的途径，而不

[1] See, in particular, Ulinka Rublack and Pamela Selwyn, trans., "Fluxes: The Early Modern Body and the Emotions," *History Workshop Journal* 53 (April 1, 2002): 1-16.

* “一种在适当的社会场合中表达相应情感的能力”或可翻译为“一种发乎情，止于礼的能力”，仅供参考。——译者注

[2] In addition to ibid., see Mary Lindemann, *Medicine and Society in Early Modern Europe* (Cambridge, UK: Cambridge University Press, 2010).

是自我反抗社会约束的方式；关注体现个人主义的法律与思想观念，而不是有关自我感的各种情感及身体表达。从重视平衡的自我转向青睐刺激的自我并不是一个由内科医生、哲学家或政治家所清晰阐述的自觉演进过程；只有通过直接来源与间接来源相结合，才能找到这种转向的证据。其来源遍及各处，从有关新产品及其应用的个人书信与新闻评论到有关普通民众的绘画与雕刻。不过，只有预期这种自我经验的变迁具有重大经济、社会与政治意义之时，该领域中的最细微处才能被钩沉出来。[1]

烟草、咖啡和茶都是这种转向中的基本要素。与烟草类似，咖啡和茶也是因其药用价值而开始受到重视。随着 17 世纪末与整个 18 世纪对它们的消费从上层社会普及到底层社会，它们所具有的价值更多地与其令人愉悦的特性有关。1675 年法国贵族玛丽·德·塞维尼(Marie de Sévigné)将她所钟爱的香水比喻为烟草："香水就像烟草一样，是奢靡无益之物(folly)；当你习惯它 135
后，离了它你就活不下去。"她在信中也经常提及咖啡，讲述了她一再想要戒掉咖啡，做了种种努力，却终归徒劳。一个世纪后，法国作家路易-塞巴斯蒂安·梅西耶(Louis-Sébastien Mercier)在 18 世纪 80 年代对喝咖啡之风飘向底层社会这一现象评论道："喝咖啡已经成了一种习惯，而且这种习惯业已年深日久，以至于工人阶级(working class)早晨起来，可以只喝咖啡，不吃其他任何食物。"许多英国和荷兰的画家与雕刻家往往喜欢勾勒咖啡馆，而法国的画家则乐于描绘等候咖啡的女人，有时也包括送咖啡的黑佣或黑奴。对像卡尔·范洛(Carle van Loo)和尼古拉·朗克雷(Nicolas Lancret)这样的法国艺术家来说，咖啡、女人与愉悦是如影随形、缺一不可的。[2]

---

〔1〕 有关这种分析的证据问题所进行的较好的论述，参看 Jeremy Trevelyan Burman, "History from Within? Contextualizing the New Neurohistory and Seeking Its Methods," *History of Psychology* 15, no.1 (2012): 84-99。显然，伯曼(Burman)和我关于该问题的看法受丹尼尔·斯梅尔的著作影响很深：*On Deep History and the Brain* (Berkeley: University of California Press, 2008)。

〔2〕 Marie de Rabutin-Chantal, marquise de Sévigné, *Correspondance*, vol.2: *1675-1680*, ed. Roger Duchêne (Paris: Gallimard, 1974), p.133; Louis-Sébastien Mercier, *Panorama of Paris: Selections from Le Tableau de Paris*, ed. Jeremy D. Popkin (University Park, PA: Penn State Press, 1999), p.97; Colin B. Bailey et al., *The Age of Watteau, Chardin, and Fragonard: Masterpieces of French Genre Painting* (New Haven, CT: Yale University Press, 2003).

这些舶来品曾经发挥着中转作用,将各种新体验到的个人欲望同由此引发的诸社会模式衔接起来。普通民众喜欢上了烟草、咖啡和茶,而现在一种偏好(taste)* 往往让人联想到刺激和愉悦,而不是治病之方。不过,一旦社会上层人物目睹了底层民众沉溺于本来是他们所更多为之的活动,那么他们就转而开始采用新方式以彰显其卓然的社会地位。在 18 世纪,闻吸鼻烟(snuff)逐渐风行,由此,上层社会就可以有别于使用烟斗抽烟(pipe-smoking)的底层社会与美洲原住民了。当生活在巴黎这样的城市中的工人从街头女贩子那里买加奶和糖的咖啡之时,富人就开始光顾咖啡馆。另一方面,尽管英格兰的男性工人也咕咚咕咚地大口喝茶,但茶基本上让人联想到的是女人和日用消费品。[1]

这一随欲而行、追求刺激的自我(The desiring, deciding, stimulus-seeking
136 self)形成于某种不断增长的社会意识之中。例如,闻吸鼻烟助长了社会分化,不过它也鼓励了一种更大的个人主义意识。闻吸鼻烟者在竞相追逐最新款闻吸鼻烟所用的粉末烟制品之时,他们也不得不在众多不同的烟草味道、配制品以及熠熠生辉的鼻烟壶(snuffboxes)中间做出选择。喝咖啡同样也促进了个人选择与新的社会化方式。玛丽·德·塞维尼建议她的宝贝女儿在咖啡中要加产自纳博讷(Narbonne)的蜂蜜,而不要加糖。不过,当提到时常光顾的风格独具的咖啡馆时,选择就显得尤为重要。像威廉·贺加斯(William Hogarth)和亨利·菲尔丁(Henry Fielding)这样的艺术家与作家去的是位于伦敦圣马丁巷(St.Martin's Lane)的老屠夫咖啡馆(Old Slaughter's coffeehouse)。一些人则将咖啡馆作为其政治据点——在伦敦,托利党人的可可树俱乐部与辉格党人的圣詹姆斯(the Cocoa-tree Club for Tories and St.James for Whigs in London)——而另外一些人则去咖啡馆读报。随着这些新式社会活动不断扩散,个人选择的机会也成倍增加。

尽管一批为数可观的、向公众开放的茶园的确在夏天吸引了来自英国中

* 译者将"taste"一词一概译为"偏好",主要是指人的口味方面的偏好。——译者注

[1] Jason Hughes, *Learning to Smoke: Tobacco Use in the West* (Chicago: University of Chicago Press, 2003), pp.73-77.

产阶层的顾客,但茶馆在西欧远不如在亚洲甚至俄国盛行。随着17世纪初茶叶进口量的不断增加,这种饮品刺激了一连串的消费需求,特别是在英语世界,饮茶作为一项日常活动,在中上层社会扎下了根。饮茶开始成为一项女性的新式休闲活动,而且,因为下午茶往往有男士参加,它又逐步同彬彬有礼联系在一起。随着中国茶的到来,中国瓷壶(Chinese porcelain teapots)、用来托住瓷壶的瓷盘、放茶匙的船形碟(spoon boat),更不要说茶杯和茶碟了,都接踵
而至。在那些力图充分利用对中国瓷器这种需求之商机的人们中,唯有极其 137
富有之人,即英国的陶器制造商乔赛亚·韦奇伍德(Josiah Wedgwood),才有能力将这种商机转化为现实。1765年,他获得了英国王后夏洛特(Charlotte)的一张订单,王后订制了韦奇伍德所研发的乳白瓷器中的一整套"茶具"。韦奇伍德很快就将这套命名为"王后御用瓷器"的产品卖给欧洲的贵族与皇室,并借此名头,将大量成套的餐具卖给了国内的中产阶层。买"瓷器"的人们越来越多,这既表达了许多个人的愿望,也展现了诸多社会抱负。

当我们从一个长时段来审视之时,英语世界中喝茶所带来的诸多变化是十分惊人的。在茶的影响下,饮食逐渐变成了重要的日常活动(domestic activities)。进餐开始变得越来越社会化与个人化,不再是狼吞虎咽地吃饭而不用刀或叉,甚至连手都懒得用;现在人们则坐在桌边,吃自己盘子里的饭菜。妇女不再站着伺候,而是和其他家庭成员一起坐在桌边进餐。正如妇女也平等地参与进餐或喝茶这些活动,它们都象征文明与高雅。[1]

如果说各种新的印刷制品,诸如报纸、杂志和小说等,实际上不是产生于人们对茶与咖啡的爱好的话,那么它们也是从人们的这些爱好中获益匪浅;而且它们的读者也包括了妇女。1711年创办的新日报《观察家》(*The Spectator*)主张:"我将提出本刊的宗旨,就是我将哲学带出密室与图书馆、学校与学院,要让它在俱乐部与立法机构、茶桌旁与咖啡馆安家落户。"编辑约瑟夫·艾迪生(Joseph
Addison)冀望"把我的这些评论推荐给所有井然有序的家庭,即那些能够为每天 138

[1] G.J.Barker-Benfield, *The Culture of Sensibility: Sex and Society in Eighteenth-Century Britain* (Chicago: University of Chicago Press, 1996), esp.p.159.

早晨留出一个小时用于喝茶与进餐的家庭，而且诚挚地建议他们为了自身利益要订阅这样一份能够准时送到的报纸，并将其视为喝茶必不可少的一部分”。人们买到手中的这些新日报就成了这种新近大受欢迎的饮品之辅料。[1]

在18世纪，销售不断民主化；而它反过来也推动了政治民主化。一项对马里兰州安纳波利斯市遗嘱清单的研究表明：在18世纪20年代有钱人的遗产中首次出现了茶桌；而后在18世纪40年代，它进入中产阶层的遗产清单中；随后进入穷人的遗产当中。茶杯和茶碟也经历了类似的进程。在美国各殖民地广受欢迎的茶成了一个极具号召力的事物，用以反抗英国权威。尽管上层社会依然想要维护其社会地位，但显而易见的是，他们对维护这种等级秩序的忧虑之情也是不无道理的。[2]

政治民主化接踵而至，但原因并非普通民众有机会介入更多商品的消费。政治民主化之所以随之到来，是因为普通民众通过消费获悉他们的选择十分紧要，即便他们中的很多人做出的是同样的选择。人们喜爱烟草、咖啡和茶的原因很多，但最重要的原因是刺激。工人消费咖啡和茶的数量尤为巨大。梅西耶在评论巴黎工人时断言：如果他们早晨喝咖啡，即便不吃任何其他东西，也会一整天精力十足。在英国，特别甜的茶往往是工人一日三餐的一部分。英国蔗糖的消费量在整个18世纪里，从起初的每人4磅，最后飙升到每人18磅。[3]

139 政治民主化得益于18世纪自我扩张与社会扩张之间的相辅相成。如果寻求刺激的自我逐步排挤掉重视平衡的自我，那么这种情形也普遍地发生于诸多自我-社会的互动之网中。因为玛丽·德·塞维尼刚好生活于这一变革的转换时刻，故她又提供了一个生动的实例。她力图发现咖啡对身体平衡的

---

〔1〕 Henry Morley, ed., *The Spectator, in Three Volumes*, vol.1 (London: George Routledge, 1891), no.10, March 12, 1711, at http://www.gutenberg.org/files/12030/12030-h/12030-h/SV1/Spectator1.html#section10 (consulted September 24, 2013).

〔2〕 Paul A.Shackel, *Personal Discipline and Material Culture: An Archaeology of Annapolis, Maryland, 1695–1870* (Knoxville: University of Tennessee Press, 1993).

〔3〕 有关梅西耶的评论，参看 *Panorama of Paris*, p.97. Beatrice Hohenegger, *Liquid Jade: The Story of Tea from East to West* (New York: Macmillan, 2006)。

影响与——她、她女儿与她的朋友——对咖啡的持续渴求之间的关系。1679年11月,她对女儿强调:咖啡使得血液变热,扰乱了血液的循环,因此对她宝贝女儿弱不禁风的身子骨是有百害而无一利的。然而,到了1694年4月,她写信给女儿说:咖啡“将会减轻我的一切痛苦[她正准备服用泻药]”,而且会“将你我的距离拉得更近”。对塞维尼来说,这两种类型的自我是彼此冲突,无法兼容的。[1]

咖啡馆则提供了一种截然不同的自我-社会的互动;而且,因为它们是公共空间,所以咖啡馆便具有了直接的政治影响。具有讽刺意味的是,就在英国人将家里的茶变成一种与其国民身份认同密切相关的饮品之时,咖啡馆也同时在英格兰、苏格兰和爱尔兰兴盛起来,并将咖啡、宴饮、报纸与政治搅和到一起。咖啡馆在17世纪50年代首先在英格兰普及开来,60年代波及爱尔兰,70年代则传到苏格兰。妇女时不时会光顾咖啡馆,偶尔也会创建咖啡馆,成为其主人。咖啡馆成了有着新需求的公众之代名词,而这些有着新需求的公众之影响随后波及整个西欧。欧洲大陆的第一个咖啡馆17世纪70年代首度出现在巴黎,80年代出现在维也纳,而18世纪20年代则出现在柏林。[2]

咖啡馆里举办过许多科学或文学讨论会,但更为重要的是政治讨论会。他们带来大量的宣传册子、讽刺报纸与时事报纸。咖啡馆里政治讨论的氛围 140
如此昭然,以至于欧洲各国政府纷纷派遣密探,以便汇报咖啡馆里讨论的内容。英国国王查理二世在1675年试图封杀咖啡馆,而他的顾问此时也想限制消息的传播,但都无功而返。18世纪初,警察向法国国王路易十四报告:尽管那些大众的卡巴莱餐馆(cabarets)没有危险,但“在咖啡馆里,那些不满分子讨论政治时,他们谈论国事的方式是错误的”。路易十四的继任者甚至对咖啡馆更加忧惧。18世纪启蒙运动的主要领军人物,包括伏尔泰(Voltaire)、卢梭和狄德罗,都在他们所喜爱的咖啡馆里会见宾朋,讨论哲学与下棋。1789年7

[1] Sévigné, *Correspondance*, vol.2: *1675–1680* (1974), p.729; *Correspondance*, vol.3: *1680–1696* (Paris: Gallimard, 1978), p.1036.

[2] Steve Pincus, "'Coffee Politicians Does Create': Coffeehouses and Restoration Political Culture," *Journal of Modern History* 67, no.4 (December 1, 1995): 807–834.

月12日,年轻的新闻记者卡米耶·德穆兰(Camille Desmoulins)跳到巴黎皇家宫殿咖啡馆(the Palais Royal in Paris)的一张咖啡桌上,劝说他的听众们拿起武器,捍卫自由。依此,似乎可以说咖啡最终导致了革命。[1]

尽管事实的确如此,但这一过程并非一蹴而就的。烟草、咖啡和茶在18世纪才逐步飞入寻常百姓家。例如,欧洲咖啡的消费量,在18—19世纪期间,增长了200倍。这在很大程度上要感谢咖啡树栽培的扩散,首先扩散到荷兰的殖民地爪哇(Java)与苏里南(Surinam),然后扩散到法国的殖民地加勒比海地区。人们何以会养成对这些产品的爱好呢?欧洲与新世界、中东和亚洲的不断接触在其中发挥一定的作用,而讲述这些冒险经历的书籍与小册子的激增也同样起到类似的作用。然而,各种新的消费模式并不一定必然会接踵而
141 至。因为随着供应量的不断增加,价格势必下降;但如果消费者没有养成对这些新产品的偏好,那么供应量本来就不会进一步增加。其供应量之所以会增加,是因为人们日益倾向于寻求刺激、新奇、个人选择以及希望在市场、教会和家庭之外的地方聚会。偏好随着自我的经历与体验的改变而发生相应的变化,而随着偏好与自我的改变,社会前景(social prospects)也发生了变化。要确定新自我和新社会前景(social outlooks)之中哪个先出现是十分困难的,但二者最终都要到来。人们学会了做新选择;与此同时,社会结构也变得更加多元化,能够为众多个人选择提供更为广阔的空间。[2]

简言之,自我领域与社会领域会相得益彰,同时向外扩张。在人际交往频仍、充满情感的空间里,各种新活力被激发出来。福柯力图搞清楚权力中所带有的各种建设性活力的来源,这通常能够通过各种体制及其实践展现出来。与福柯不同,我在每个人的心智与他人的心智进行接触交往的空间中发现这种来源;我还在创造了集体的、主体间的实践与理解的领域的过程中,即通称的社会中发现这种来源。社会习俗塑造了每个个体的期望或行为,它们运行

---

〔1〕 W.Scott Haine, *The World of the Paris Café: Sociability among the French Working Class, 1789-1914* (Baltimore, MD: Johns Hopkins University Press, 1998), p.7.

〔2〕 有关咖啡的消费,参看 E.M.Jacobs, *Merchant in Asia: The Trade of the Dutch East India Company during the Eighteenth Century* (Leiden: CNWS, 2006)。

于这些人际空间之中；反之，个人的心智亦然，它们解释、融入、时而抵制这些不同的社会习俗，而且有时会在不同的社会习俗间进行选择。随着自我与社会领域的不断扩张，对各种新期望与行为的展望也会不断推进，诸如喝咖啡、坐在咖啡馆里抱怨着时政。革命就是出自日益自主、独立行事与寻求刺激的自我们与日益自主、得寸进尺的（demanding）社会两者间的互动。[1]

情感的活力（Emotional energy）与那种天行有常的宇宙是不一样的，它并非亘古不变的。伴随着自我领域与社会领域的联袂扩张与相辅相成，即 142
便是二者间不无紧张与冲突之处，这种情感的活力在最近数个世纪以来的西方世界依然取得了突飞猛进的发展。民主政治或代议政治是这种情感活力发展的一个重要结果，与此同时，它也是这种情感活力继续增长的助推器。唯有许多个人能够申明自己的权利，各个社会能够拥有反对其君主统治和贵族统治的权利，民主才是可以想象的。也就是说，唯有自我和社会同时扩大其各自所拥有的领域，民主才能成为可能。自16世纪以降，个人自主与政治参与的权利和社会契约是所有政府的基础的诉求，是在彼此的交互作用中共同发展的。

人们不断讲述着有关各种民主政治参与形式兴起的故事，但那些叙述中有所缺失，没有注意到各种情感在启动这一民主进程中的作用，也未能关注到伴随这一进程而来的各种情感的不断增进。申明权利，无论是要个人权利，还是要社会权利，都是为了要一个行动的新空间与在新空间里进行各种活动的新意义。这些行动与意义反过来创建并促进了个人与社会的地位。因为对某种权利的一个诉求（例如，"所有男人"的参政权）几乎总会触发其他诉求（例如，那些没有财产者、宗教信仰上的少数派和妇女的政治权利），所以这一进程的运作类似某种螺旋，不断地将更多人拉入其中，进而产生更大活力。

这种民主螺旋形成的证据可见于16世纪以来的历史（而且，甚至可以再 143

---

〔1〕这本书是十分有益的：Alfred Schutz, *The Phenomenology of the Social World*, trans. George Walsh and Frederick Lehnert (Evanston, IL: Northwestern University Press, 1967)。

往前追溯)。不过,法国大革命为我们提供了一个尤为显著的实例,因为它所创造出来的各种活力给后来的许多观察家留下栩栩如生的印象。毋庸多言,想要用像米这样的度量单位去测定这种人际活力或社会活力是不可能的,但是那些1789年许多历史事件的见证者依然目睹了这些事件中所散发出来的非凡之处。盎格鲁-爱尔兰裔(Anglo-Irish)政治家埃德蒙·伯克(Edmund Burke)就是那些睿智无比的观察家之一,作为新兴的、反动的保守主义的代言人,他的影响十分深远。他在1790年宣布:“综合所有情况而论,法国大革命乃是世界上迄今所发生过的最为惊人的事件……在这场诡异莫名的混乱(充满了轻率与残暴)当中,一切事物似乎都脱离了自然本性。”[1]* 他感受到了这种新活力的迸发将会改变全部的生活方式。

伯克非常关注1789年10月凡尔赛妇女大游行。它被称为十月事件(the October Days)。该事件的起源是一个典型的18世纪因食物而引起的骚乱,她们抱怨面包的价格过高。该事件迅速引发更加深远的影响。男人们也参加进来,他们都向离巴黎不远的国家权力中心进军。伯克描述了这些事件,而且用骇人听闻的笔触对将国王和王后带回巴黎的行进队伍进行了大书特书:“王室的俘虏们排队走在后面,缓慢地向前移动,其间夹杂着骇人的欢呼声、尖厉的叫喊声、疯狂的跳舞、无耻的谩骂和令人无以言表而深恶痛绝的地狱冤魂般的行为,那些最为恶毒的女人们的恣意妄为尽显无遗。”然而,伯克深知这些看似妇女狂乱的返祖场景却预示了一个全新世界
144 的到来。在这个新世界里,精打细算将会取代骑士精神,国王和王后将与黎民百姓别无二致,“猪猡般的民众”(伯克因使用这个称谓而声名狼藉)将会成为政府正当性的来源。[2]**

---

[1] *Reflections on the Revolution in France: and on the proceedings in certain societies in London relative to that event. In a letter intended to have been sent to a gentleman in Paris. By the Right Honourable Edmund Burke* (first published 1790; London: J.Dodsley, 1793), p.11.

* 本引文的翻译,部分参考了[英]伯克:《法国革命论》,何兆武等译,北京:商务印书馆,1998年,第13页。——译者注

[2] Ibid., p.106.有关猪猡般的民众,参看p.117。

** 该处的翻译,部分参考了[英]伯克:《法国革命论》,何兆武等译,北京:商务印书馆,1998年,第95页。——译者注

在这场力量持续积聚的旋风当中，君主和议会，而且最终连同君主政体都不得不匍匐于人民具身化的意志（embodied will）面前。那些日子里的种种行为——现在，具身化的自我采取行动去寻求公共事务中的更大话语权——改变了政府内部权力关系的本质，而且，甚至为社会关系领域更为激进的变革大开方便之门。接踵而来的更加强烈的恐惧与欣喜的体验触动了数以百万计的个体，并促进了各种宣传小册子、新闻报纸（newspaper）、歌曲、漫画与大幅印刷品的激增。各种新活力点燃了政治讨论和各种新兴的政治动员论坛，如俱乐部。政治报纸、俱乐部、立法机构内部的党团会议以及地方的选举鼓动都从这些新活力中汲取了养分；与此同时，它们还致力于引导甚至约束这些新活力。随着联合起来行动的个体擦除掉以往的权力地图，一个截然不同的政治秩序浮现出来。

尽管伯克经历与体验到的是恐怖，但与他同时代的许多人感受到的则是正面意义上的震颤。英国诗人罗伯特·骚塞（Robert Southey）在给他朋友的信中描述了他对法国大革命的反应："一个梦幻的世界似乎正在[向我们]打开……这简直就是人类种族新生的梦。"正如骚塞对塞缪尔·泰勒·柯勒律治（Samuel Taylor Coleridge）所描绘的，他的反应就是产生了一种"对法国大革命的快感（orgasm of the Revolution）"。尽管骚塞所表达的意思并不确定，但这的确是一个石破天惊的身体隐喻（bodily metaphor）。该时期英国的诗人、宗教与政治上的激进分子，甚至连科学家都开始刻意地用他们的人际关系、民主理念，甚至在某些情况下还用致幻气体（hallucinogenic ga- 145
ses）与诗歌风格去体验这种革命快感。他们时不时会遇到个人与政治上的麻烦，但他们都自认为是情感之深度与新政治形式之高度的探索者，并为此而沾沾自喜。[1]

例如，当科学家汉弗莱·戴维（Humphry Davy）在其实验室里离析出一氧化二氮（nitrous oxide）时，他起初并不是把它作为止痛药的。他和他

〔1〕 1800 年 1 月的信件，转引自 Lynn Hunt and Margaret Jacob，"The Affective Revolution in 1790s Britain，" *Eighteenth-Century Studies* 34，no.4（Summer，2001）：491-521，p.497。

的朋友,其中有骚塞、柯勒律治、陶瓷世家的汤姆·韦奇伍德(Tom Wedgwood)和蒸汽机发明者的小儿子格雷戈里·瓦特(Gregory Watt),把一氧化二氮当药物来试验,以便提升各种感受。戴维在实验记录簿里写道:它使他的"胸部和四肢颤动[,]他感到极度愉悦同时伴有清晰的幻觉,听觉更加敏锐;一种总体的愉悦感占据了身体"。[1] 显而易见,这个追求刺激的自我起作用了。

尽管这些同时代的年轻人中的大部分,像他们共同的朋友威廉·华兹华斯(William Wordsworth),后来为他们早年热衷于民主的行为感到懊悔,但他们的民主经历与体验依然保持着较为长久的影响,即现在为人所熟知的浪漫主义。他们在内部志同道合的朋友圈子里将个人的探索与这种新诗歌风格结合在一起。1801 年,瓦特在给其友人戴维的信中写出了读真正的诗歌所受到的感染:"这神奇的文字紧紧地拥抱着他,而且使他不知不觉地存在于一个充满魅力的圈子之中——他的各种感觉渐渐都迷失于一种令人神往的迷宫之中[;]他越是深入,就越是欲罢不能;唯有到了表演结束之时,他才能从这令人心旷神怡的纠葛中摆脱出来,空余隐约的愉悦追忆。"[2]

146 这些各式各样的经验与事件有其诸多身体影响,进而转化为各种有关个人、社会和政治的新思想与新观念。民主参与的可能性、对自我深度的探索、浪漫主义诗歌对于突出个人经验的强调,所有这些在以往的话语与规训措施(disciplinary practices)中都是有许多先例的。但这些话语与措施不能解释其全部,各种经验与事件偶尔会突破所预期事物的藩篱。这就是个人发展、社会变迁与新政治秩序形成的原理之所在。

法国大革命不能用福柯的方式去分析。福柯认为:生产各种新规训策略的权力,反过来会把各种新式的社会行为动员起来。法国大革命期间的一系列事件的顺序被颠倒了:新式的个人行为与社会行为创造了各种新式权力与规训策略的条件。在这种化学连锁反应中形成了一个重大事件,即个人间的

[1] Ibid.
[2] Quoted in ibid., p.498.

互动呈现出各种前所未有的、无法预料的形式。因为福柯追溯许多新规训策略的时间点都是18世纪末19世纪初，所以其自身的行文叙述当中总是隐含着法国大革命。不过，他从来没有给它肯定性的评价。在这一点上，福柯效法他的思想导师弗里德里希·尼采。尼采认为：法国大革命是现代生活中所有那些最卑微者（most slavish）的胜利，是他所认为的与民主政治密切相关的从众心理（the herd mentality）的胜利。相比之下，我认为法国大革命是一个典范：普通民众的各种活力是如何得以催发的，而反过来，又是如何被各种非凡事件所改造的。[1]

自我与社会的协同生长必定会涉及一场自由与规训之间持久的拉锯战。147
福柯全神贯注于规训，而把自由仅仅视为某种副产品。毕竟，如果作为某种基本价值的自由可以被拿走的话，那么监禁所发挥的只不过是一种制度功能罢了。福柯很少理会这种张力，他倾向于强调规训的运作原理。但即便如此，监狱仍是一种激活自我与社会的、不断扩张的情感活力（emotional energy）的产物。

只要你想容纳那些等待审判与惩处的人们，往往就要存在某种监禁形式。不过，直到16世纪，监禁才呈现出各种新形式。那时，英格兰、荷兰以及一些德国北部市镇的地方政府开始将流浪汉、乞丐、欠债者和其他招人讨厌的人移交劳教所（workhouses）。如果不把这种桀骜不驯的状态当作一个发展中的问题的话，那么规训这些桀骜不驯之徒的种种新尝试从来就不会取得成功。许多家族也会采用此类做法将那些危及家族荣誉的成员关押起来；不过，通过此类举措，我们同时也会看到：越来越多的个人去试探家庭控制的底线，易言之，就是争取个人自主的要求不断增多。[2]

然而在18世纪以前，监禁很少作为一种惩罚罪行的手段。那时主要采取体罚形式：颈手枷（placement in the pillory）、鞭笞（whipping）、烙刑（branding）、

〔1〕 Janet Afary and Kevin B. Anderson, *Foucault and the Iranian Revolution: Gender and the Seductions of Islamism* (Chicago: University of Chicago Press, 2010), p.23.

〔2〕 Pieter Cornelis Spierenburg, *The Prison Experience: Disciplinary Institutions and Their Inmates in Early Modern Europe* (New Brunswick, NJ: Rutgers University Press, 1991).

大帆船中的强迫劳动或者流放到海外殖民地，更不要说那些用于死刑犯的车裂了。随着18世纪执政当局避免在公开场合进行这些伤害身体的刑罚，它们中的大多数做法就被弃之不用了。作为惩罚形式的监禁取代了它们。在这一
148 发展过程中，福柯注意到了一种更为险恶的权力形式的兴起，在这种权力形式中，对日常行为的监视、分类与强制服从被用于控制与重塑个人。那时的改革家认为他们正在引入一套更加理性与人道的惩罚手段，表明了对个人的关切。[1]

这个故事似乎比上面提到的任何一种情形更加自相矛盾，而这种自相矛盾是由自我与社会的张力造就的。一方面，公共舆论转而反对国家采取野蛮的身体惩罚的做法，后者日益被认为是侵犯了个人的身体尊严。曾经同作为耶稣身体与宝血的监护人的教会联系在一起也同世俗社会里国王一人之身体密不可分的神圣性散布于所有人的身体当中，由此，每个人的身体都被同等地视为神圣不可侵犯。正义不能容忍对作为个体之自我的侵犯。另一方面，鉴于犯罪现在被视为一种对个体、而不是对群体的攻击行为，因此，不能通过一种群体仪式来实现对犯罪的惩罚。地方当局与家族逐渐失去了隔离桀骜不驯之徒的特权；与此同时，政府转而开始将罪犯关押起来，而不再在其身体上刻字或者将其发配到大帆船上或强制其劳动。[2]

如果现在每个人都被视为神圣不可侵犯的，那么何以其中的一部分会被排斥在社会之外呢（不论是关在监狱里，抑或是精神病院）？监狱把罪犯从社会中迁移出来，目的是为了让他们洗心革面、重新做人，以便回归社会，至少在理论上应该是如此这般的。监狱提供了一套截然不同的解决方案，有别于以下方法：烙刑是为了给一些人留下记号，标明他们不同于其他正常人；流放到殖民地是为了把那些罪犯从其本来所生活的社会中赶出去。同理，在福柯看
149 来，精神病院可以被视为一种手段，目的是为了通过治疗将疯子整合到社会当

[1] 该方面有益的综述，可参看 Norval Morris and David J.Rothman, eds., *The Oxford History of the Prison: The Practice of Punishment in Western Society* (Oxford, UK: Oxford University Press, 1995)。

[2] Hans Joas, *The Sacredness of the Person: A New Genealogy of Human Rights*, trans. Alex Skinner (Washington, DC: Georgetown University Press, 2013).我也提出了一种类似的主张，参看 Lynn Hunt, *Inventing Human Rights* (New York: W.W.Norton, 2007)。

中去,而不是采取各种旨在将他们统统驱逐出去的方法。这种力图使其被社会包容的努力(the effort at inclusion),其背后隐含着一种观念,即不仅暗含着人的神圣不可侵犯性,也隐藏着根本的同一性。监狱与精神病院都源于这样一种信念:罪犯与精神病人和其他人同样都是人。这些机构都彰显了新的民主主义的包容性(inclusiveness)。毋庸讳言它们从来都没有取得彻底的胜利,但它们依然是这种包容性的标志。[1]

由此,自我与社会都拓展了它们的领域。就惩罚罪犯(即对其身体的侵犯)而言,每次为争取个人自由向前推进一步势必将规训沿截然相反的方向拉了一下,即惩罚罪犯则日益朝着监狱制度化方向发展。然而,随着个体化了的犯人阻挠、逃避甚至顽强抵制对他们行动自由的种种限制,规训往往也有其力所不逮之处。然而,到头来吊诡的是:单独监禁(solitary confinement),改革家大力推行它的初衷是为了给囚犯提供一个通风良好的个人牢房,而不是空气污浊、拥挤不堪的关押场所。然而它却逐渐成为最为残酷的规训措施。那里是没有自由空间的,即便是最小的、得到最为严格调控的自由也没有,除非个人之间存在着沟通与交流。因为唯有他人的介入,自由才有意义。

最近几个世纪以来,情感活力的普遍增长并不能完全归因于资本主义的扩张。资本主义体制的普遍繁荣得益于俯首帖耳的工人,而不是那些时刻准备要求改善工作条件与争取普选权的工人。不过,看起来更可能的是自我与社会领域的不断扩张有助于激发资本主义的扩张;那些渴望更多个人自由的人们更有可能迁移到市镇与城市当中,谋划着各种新工作。不论怎样,同义反 150
复似乎总是悄然地进入有关资本主义或现代化的论争中;无论发生了什么事情,那一时刻恰好是资本主义所需要的及时雨。

我青睐的一种解释是:心理学与社会学、欧洲因素与全球因素相结合,其中任何一方都不享有特权。16 世纪的宗教改革(the Protestant Reformation)为个人良知与个人决策打开了新空间;与此同时,它坚守诸多新的个人规训形

[1] Wim Weymans,"Revising Foucault's Model of Modernity and Exclusion:Gauchet and Swain on Madness and Democracy," *Thesis Eleven* 98 (August,2009):33-51.

式,诸如家庭内部阅读《圣经》和做宗教礼拜。一旦这些新安排所发挥的效力日益显著,那么纵使这些新安排相对于天主教教义(Catholicism)已经进行了重大修正,但其中一些安排依然会得到天主教的认可。与此同时,欧洲人在全球范围内的航海活动将许多非基督教社会的新产品与新知识带回欧洲。在这一非常渐进而又不时得到动力推进的过程中,个人不仅逐渐拥有更多的自主决定权,而且也获得了接触新刺激物的机会,诸如巧克力、茶、咖啡与蔗糖。这些新刺激物的用途鼓励了各种新社会组织的建立,诸如咖啡馆;后者反过来也有利于新闻报纸的播散,进而加深了公共话题的讨论。由此,这种不断扩张的自我与社会之民主的螺旋(the democratic spiral)就处于不断的运动之中。内部的欧洲因素与外部的全球因素交互作用;个人选择与经验催生了各种新社会组织,而后者反过来又影响个人的选择与经验。这样,自由与规训得以同时扩张。[1]

近代早期的全球化是这一故事中的重要组成部分。但就全球化本身而言,它很少具有解释的性质,除非我们谨记:全球化不仅意味着互联互通,也意
151 味着休戚与共(interdependence)。全球化是逐步发展而来的,它既是各种新的个人偏好与文化实践的结果,也是后者的推进器。并非一旦将外国的物品(exotic goods)呈现于欧洲人面前,他们就趋之若鹜;他们必须培养各种个人偏好(dispositions)和他们觉得有意义的文化。他们最初无论是对咖啡还是非欧洲的宗教行为都嗤之以鼻,乃至恐惧万分。正如1674年的一份模仿英国妇女口吻反对咖啡的陈情书(mock English women's petition against coffee)中所发出的疑问:为什么她们的男人"虚掷光阴,烫坏腮帮子,浪掷金钱?就为了那一丁点儿毫无价值的、黑乎乎的、黏稠的、肮脏的、苦涩的、发着恶臭的、令人恶心的浑水?"[2]

在解释自我与社会是如何扩张的以及这种扩张是如何同全球化与民主这种生活方式紧密联系这一方面,依然是百端待举。多姿多彩的文化研究对这

---

〔1〕 要想将该方面的相关著述罗列出来,几乎是不可能的,但一个重要的出发点是 Wolfgang Schivelbusch, *Tastes of Paradise: A Social History of Spices, Stimulants, and Intoxicants* (New York: Vintage Books, 1993)。

〔2〕 *The Women's Petition Against Coffee ...By a Well-Willer* (London, 1674).

些问题有很多解释,而且,从经济史到神经史的其他探寻形式亦然。全球时代的史学写作,唯有采取通力合作的探寻形式,而不论是在不同的研究类型之间,还是世界各地的不同学者之间。我们不仅是互联互通的,而且也是休戚与共的。

索　　引*

*　索引中词条后的页码为原书页码,即本书边码。——译者注

* 该索引英文为 Smith, Alan,有误,应为 Smith, Adam。——译者注

译 后 记

经过半年多的劳作,这本书的翻译工作终于完成了。

我有机会能够翻译《全球时代的史学写作》,多少有点清风作缘之感。尽管我研习西方政治思想史特别是美国政治思想史已有 12 个春秋了,但充其量算是国内世界史研究领域中的后辈。我的老同学、天津师范大学历史文化学院的袁指挥副教授,通过电子邮件咨询我是否有意翻译此书,而我那时正有此意,可谓一拍即合。幸得上海师范大学陈恒教授的大力举荐与大象出版社领导和编辑的认可,翻译这本书的重任就这样由我承担了。

就本书的内容而言,除心理学与神经学的理论与实践方面我较为生疏外,所涉及的其他领域与话题,我基本上还是有所涉猎的。因此,就读者而言,本译著难于阅读的部分,很可能也会出现在我所生疏的那些章节里。当然,即便是其他有所了解的部分,我的译文难免也会有错误、失真之处,恳请读者诸君批评指正。

与此同时,我想要说:设若没有诸位师友、我的学生与家人的鼎力相助,这份翻译之重会让我更加力不从心的。在此番翻译之旅中,遇到疑问或拿捏不准的时候,得到了以下师友的大力支持:香港大学政治与公共行政学系的朱江南老师、安徽大学法学院的李坤刚教授、江苏师范大学外国语学院的黄文杰与史海英老师。遇到特别难于翻译的地方,当我发电子邮件向本书的作者林恩·亨特教授求援时,她百忙之中也及时周全地予以了解答。在这本译著初稿的校对与润色的过程中,中国人民大学历史学院的姜启舟博士研究生和我的硕士研究生夏明明、吴玲和袁治中也给予了莫大的帮助。在本译著的最后校对过程中,幸遇良师复旦大学历史学系的李剑鸣教授。他的研究生课程

“美国早期政治文化”令我获益良多。当然，本书的翻译工作能够顺利完成，也得到我任教的江苏师范大学历史文化与旅游学院诸位同事的关心与呵护；还有来自我母亲海春莲、妻子李亚利、女儿赵雨澄及其他家人的支持与理解。在此，我向关心、呵护、指导、支持、理解、欣赏我的所有人一并道声：谢谢！

在求真与悟道的旅途中，我的世界远非完美，因为有了你们，我才不那么孤单。

赵辉兵